ミュージアムと生きていく

大澤夏美 著
Osawa Natsumi

文学通信

はじめに

ミュージアムと共に生きるために

この本は、高校生になる私の娘の友人のお悩みをきっかけに誕生しました。彼女を、仮に博子《ひろこ》さんとします。

博子さんは日本の歴史に興味を持っています。特に幕末の時代のダイナミズムに心を奪われ、函館《はこだて》や京都へ旅行に行けば新撰組《しんせんぐみ》ゆかりの地に足を運ぶほど、歴史系のミュージアムも大好き。日本文学も愛していて、一緒に新潟に旅行に行った際には、坂口安吾《さかぐちあんご》の記念館「安吾　風《かぜ》の館《やかた》」にも訪れていました。

いずれは大学で歴史学や文学、博物館学を学びたいと考えているそうです。

周りの皆にも美術館や博物館などのミュージアムをもっと楽しんでもらいたい。将来は学芸員の仕事に興味がある。けれど彼女は、採用の間口の狭さや雇用の不安定さへの不安もあるとのこと。そして、大学進学を含めた自分の進路に悩み、私に相談してくれました。

そんな私はミュージアムグッズ愛好家。ミュージアムグッズの「博物館体験」「博物館活動」としての役割を模索する仕事です。

これまでミュージアムグッズは雑貨として愛されることも多かったのですが、ミュージアムの魅力を伝え、来館者とミュージアムをつなぐ大切な手段。そう考え、執筆やメディア出演を中心に、ミュージアムグッズを通じて博物館の魅力を発信する仕事をしています。

ミュージアムに勤めた経験はありません。大学院の修士課程《しゅうしかてい》で博物館経営論を研究し、一般企業に勤めたのちに独立しました。今も、ミュージアムの外側でミュージアムにまつわる仕事をしています。

私は、ミュージアムとのかかわり方は人の数だけあるのかもしれない、と考えています。

私の周りには、さまざまな立場からミュージアムとの関係を築いている人たちがいます。学芸員はもちろん、展示制作を専門とする会社で働く人や、新聞社の文化事業部で展覧会を企画立案《りつあん》する方。そして、日々の仕事ではなく、ボランティアなどの形でミュージアムの活動に参加している人もいます。

いろんな立場、いろんな役割、いろんな職業がある。
だからまずは、ミュージアムにかかわり続けることを選んでもらいたい。

そう思い、博子さんと共に、ミュージアムと一緒に生きている人たちからお話を聞いて歩く、ロードムービーのような本を作りました。

「ミュージアムと生きていく」というタイトルの通り、この本ではミュージアムの中と外、ミュージアムで働く・働かないにかかわらず、様々なやり方でミュージアムと共に生きている人たちをご紹介します。

博子さんのようにミュージアムを将来の仕事の選択肢に加えたい方、転職してミュージアム業界に携《たずさ》わりたい方には、業界研究の一助《いちじょ》になるかもしれません。

さらに言えば、もっと深くミュージアムの活動に参加したい方にもオススメです。

ミュージアムをめぐる、生き方、かかわり方のお話。

あなたの人生において、ミュージアムはどんな存在ですか？

目次

「ミュージアム」とは？

本書における「ミュージアム」とは、総合博物館、歴史博物館、美術博物館（美術館）、科学博物館だけではなく、動物園、水族館、植物園、動植物園、野外博物館なども含みます。詳しくは文化庁の博物館総合サイトをご覧ください。

⇩ https://museum.bunka.go.jp

※本書に掲載した所属・肩書きは、2023年3月〜8月までの取材時のものです。
※参考文献のURL閲覧日は2024年4月1日です。

学芸員ってどんなふうに働いているんだろう？

世の中には様々なジャンルのミュージアムがあります。そこで働く学芸員って、どんなふうに日々のお仕事やミュージアムに向き合っているんだろう？

introduction & profile

もりおか歴史文化館は岩手県盛岡市にある博物館。盛岡城跡公園の一角にあります。盛岡城跡と城下町である盛岡市街中心部をひとつの大きな博物館（フィールドミュージアム）として捉《とら》え、その歴史や文化にまつわる資料を扱う博物館。地域に開かれた学びの場を目指して、盛岡の観光や交流拠点としての機能を大切にしています。

こちらの博物館で学芸員として働いているのが福《ふく》島茜《しまあかね》さん。大澤が以前作った本『ミュージアムグッズのチカラ』で取材させていただいたのを機に交流が始まりました。私と年齢も近く、博物館に対する考え方も近いことからよくお話もしています。

そんな福島さんに学芸員のお仕事や、博物館と人生とのかかわりについてお話を伺いました。大学では文化財の保存修復を研究した福島さんが、学芸員の道を歩んだきっかけは何だったのか。歴史資料をベースに「異種格闘技《いしゅかくとうぎ》」をしているというお仕事の裏側とは。その真意に迫ります。

保存修復に打ち込んだ大学時代

——最初に大学で保存修復を志した理由は何だったのでしょうか。

福島　中学生のときは美術も歴史も好きだったので、両方に関われる仕事ができたらいいなと思っていました。その頃に『冷静と情熱のあいだ』〔❶〕という映画を観て、「修復家《しゅうふくか》」という仕事の存在を知りました。当時は「こんな仕事あるんだー」くらいの気持ちでした。その後、高校に進学し、1年生の美術の1回目の授業で、先生があるテレビ番組を見せてくれて。それが、ヨーロッパにあるバチカンのシスティーナ礼拝堂《れいはいどう》〔❷〕の天井画《てんじょうが》と壁画《へきが》の修復に密着したドキュメンタリー番組だったんです。その番組ではじめて文化財修復の実際の様子を見て、「修復」という仕事に興味を持ちました。

——福島さんのご出身が岩手県盛岡市で、進学した東北芸術工科大学《とうほくげいじゅつこうかだいがく》〔❸〕も東

解説

❶映画『冷静と情熱のあいだ』
江國香織《えくにかおり》、辻仁成《つじひとなり》による同名ベストセラー小説が原作。絵画の修復家を目指し、フィレンツェで修行する主人公に憧れた人も多かったのでは？

❷システィーナ礼拝堂
バチカン市国にある礼拝堂。ミケランジェロの手で旧約聖書の創世記を描いた天井画や、縦約14m、横約13mの巨大壁画《最後の審判》は圧巻です。

❸東北芸術工科大学
山形県山形市に所在する私立の芸術大学。芸術学部に文化財保存修復学科があり、現在（2024年）は保存科学、立体作品修復、西洋絵画・東洋絵画修復のゼミがあります。

――北の山形県にあり、同じ地域で保存修復を学べる場所があったのですね。「修復家」の仕事を知ってから、大学ではどんなことを学んでいましたか？

福岡　大学には様々な専門の先生たちがいて、美術史は日本美術も西洋美術もどちらも基礎から教えていただきました。私は彫刻《ちょうこく》修復のゼミに進んだので、修復の材料や技法はもちろん学びましたが、保存科学（文化財保存のための科学）の知識も必要でした。でも、技術や知識以上に勉強したのは、修復の倫理でしたね。

――修復で何を大事にするか、何を守るかという倫理観《りんりかん》を養《やしな》うことは重要ですね。

福島　そうですね。修復家として技術力も大切ですが、まずは倫理観を養うことが大事という方針でした。勉強して知識を得て、修復とはどういうふうに行われるべきか、どのようなことがあってはいけないか。それを学んでから、修復にどんな材料を選ぶかなどの具体的なことを考える。具体的なことを考えるために科学の知識も必要、という順番でした。

――確かに「どこまでが修復で、どこまでがオリジナルか？」など、保存修復の現場で議論になりそうですね。

福島　一度修復されたものを再修復する際に、過去の修復を取り除くべきか否か、

もりおか歴史文化館の常設展示室。

というのはとても大切な議論です。学生時代も先生や先輩たちの修復作業を手伝わせてもらいつつ、話し合っては考えて、をくり返すことが一番の勉強でした。

――山形県鶴岡市《つるおかし》にある鶴岡カトリック教会天主堂《てんしゅどう》の祭壇《さいだん》に飾られている「黒い聖母《せいぼ》」〔❹〕を、学生時代に修復したとか……？

福島　そうなんです。私が大学3年生のときにちょうど修復をするタイミングで、大学の付属施設にある文化財保存修復センターにマリア像が持ち込まれたんです。授業の一環でその修復に携《たずさ》わらせていただきました。

❹黒い聖母
1900年代初頭にフランスの修道院から寄贈されたもの。肌が黒い聖母像は国内唯一の例。2008年に東北芸術工科大学保存修復研究センターで修復。

――それはとても貴重な経験ですね。

福島　修復が終わって教会にお返しする際に、人間を乗せるのにも使えそうな担架《たんか》を木で組んで、そこにマリア像を固定して乗せ、修復に携わった皆で担《かつ》いで持っていきました。聖堂の正面から入ると両側のベンチに信徒《しんと》の方々が並んでいて、聖歌を歌ってマリア様を迎えてくれたんです。そのときは本当に感無量でしたね。私たちはとんでもないものに毎日触れていたんだなと、そこで初めて実感がわいてきました。

――先生などの専門家のサポートを受けながら自分たちが修復してきたものが、

誰かにとっての大事なものなんだってことを、学生のうちに実感できたのですね。

福島　はい。とても恵まれた環境だったと思います。その環境とのギャップで、大学院修了後はカルチャーショックを受けたこともありましたね。就職活動である自治体《じちたい》職員の面接試験を受けた際、「この町の文化財《ぶんかざい》にはどんなものがあるのかはご存じですか？」と聞かれました。私はその地域の美術館に収蔵されている近代絵画をいくつか挙げて答えたら、「それは文化財じゃないでしょう」と言われました。要するに、面接官の言う「文化財」は、指定文化財〔❺〕だけを指していたんです。

――文化財が指定されているか否かで語られる現場に初めて出会ったのですね。

福島　それまでは、指定文化財でも未指定の文化財でも価値に差はないし、等しく慎重に扱うよう教わっていたし、それを前提とした学内の世界しか知らなかったので……「文化財じゃない」はちょっとショックでした。でも、一歩外の社会に出ればこんなふうに分けて考えられていて、「文化財」という言葉のとられ方だけでも大きな壁があると知るきっかけになりました。

――そんな現実に直面しつつ、最初は盛岡市教育委員会で文化財調査員として3年間勤務されたんですよね。

❺指定文化財
文化財には「有形文化財」「無形文化財」「民俗文化財」「記念物」「伝統的建造物群」「埋蔵文化財」「文化財の保存技術」の7種類があり、特に重要な文化財は国や地方自治体が指定・選定・登録し重点的に保護をしています。●「文化財の種類，指定・選定・登録」、文化庁、https://www.bunka.go.jp/seisaku/bunkazai/shokai/gaiyo/

福島　市内のお祭りの記録を取ったり、市民の方からの問い合わせの対応をしたり。あとはそれこそ、あるモノを文化財に指定するための調査やその補助作業をしていました。新しく指定されつつある資料を調査して調書をまとめて、文化財の審議委員《しんぎいいん》〔❻〕の先生方と情報を連携《れんけい》していました。

——その後、学芸員という仕事へ方向転換したんですね。

福島　任期付の非常勤《ひじょうきん》職員でしたので、転職先を探さなきゃいけなくて。それで次の仕事で何をしたいか考えてみたら、「間《あいだ》に立つ仕事をしたい」と思ったんです。大学から大学院まで6年間も学んでお世話になってきた、保存修復業界やそこで働く人と、それ以外の業界や人の間に立ってつなぐ仕事。それはどんな仕事だろうと考えたら、「あ、学芸員かも？」って。そこで、山形県立うきたむ風《ふ》土《ど》記《き》の丘《おか》考古資料館〔❼〕で学芸員として1年間勤めたのち、現在勤務しているもりおか歴史文化館で学芸員をしています。

❻文化財保護審議会
文化財の保存・活用のため、教育委員会の諮問に応じ、市指定文化財の指定や解除を調査審議し、答申を行う組織。

❼山形県立うきたむ風土記の丘考古資料館
山形県東置賜郡高畠町に所在する博物館。県内から出土した旧石器時代、縄文時代、弥生時代、古墳時代の考古資料を所蔵しています。

自分の土俵で異種格闘技をする

——学芸員の仕事で楽しいと感じるのはどんなときですか。

福島　学芸員として働きはじめていくつか展覧会も経験するうちに、私が展示でやりたいことは「私が面白いと思うモノ・コトの面白さを他者に伝えること」なのでは？　と考えるようになりました。「この面白い資料はどこがどのように面白いのか？」を説明するために、そして多くの人がいろんな角度から楽しめるように、企画のはじめはあえて大風呂敷《おおぶろしき》を広げて展示を作っているところがあります。その展示案を練っているときが最高に楽しいです。展示室にまとめるために内容をコンパクトにする作業が大変ですけどね。

——企画展や特別展の企画は、一緒に働いている学芸員が持ち回りで担当しているのですか。

福島　当館はテーマ展が年5回、企画展が年3回と特別展が1回あり、学芸員5

紙コップの中には、三角形の赤い紙が入っているそう。解説で触れている史料の該当箇所を指し示す矢印代わりに、もりおか歴史文化館ではこのような赤い紙を使用しているとのことです。

人のうち3人で展示を実施しています。他の2人は調査を日々進めつつ、企画が固まったら展示の主担当に回ります。ですので、展示のメイン担当として自転車操業をしている3人と、ネタを温める2人がいる状態です。ただ、私たちは展示作業を外部の業者さんにお願いせず、すべて学芸員の手作業で展示を作っているので、キャプションのデータを作ったり、パネルを切ったりなど、展示準備は5人全員でフル稼働《かどう》です。

展示作業中の様子。
展示ケースの中で資料を並べている。

——展示企画を考える場合、学芸員ご自身のご専門をメインにしつつ、企画する内容の幅の広さは任されているんですか。

福島　私だと文化財の保存修復が専門なので、自分の専門の展示をやろうと思ったら当館の資料では難しいんです。だからこそ、本来は専門外の資料、たとえば近代の版画や絵画、近世美術や工芸品も、必要ならもちろん民俗資料や歴史資料も、何でも扱います。幅広く、面白いと思ったらどんな企画でも挑戦してますね。当館の場合ですと、企画は皆それぞれ常に考えていて、よっぽど無茶なことを言わない限り反対はされないです。やりたいことがたくさんある人は向いているかもしれません。

——もりおか歴史文化館は「歴史」を軸に扱うミュージアムですが、異なるジャンルの博物館に行って学ぶこともありそうですね。

福島　私はむしろ異なるジャンルの博物館に行くことが多くて。生き物などの資料や展示が見られる自然史系の博物館が大好きです。異なるジャンルの内容や議論を吸収して、歴史学が専門の人にはない観点を手に入れたいんですよ。私は歴史系博物館にいるけど、正攻法の「歴史」をやる力がないので。

——先ほどもお話しされていたように、展示企画で幅広い内容を扱うからですよね。

福島　そうですね。２０１７年には「ANIMALs《アニマルズ》×morioka《モリオカ》～資料のなかの動物たち～」〔❽〕を企画して、動物が登場する絵画や彫刻、歴史資料を展示しました。そして、盛岡藩《もりおかはん》と動物との関わりを紹介し、盛岡市動物園にもお願いして描かれている動物のキャプションを書いてもらったんです。実際に園内のどこにその動物がいるかも紹介しました。

――異なるジャンルを掛け合わせた展示ができたんですね。そういう異種格闘技《いしゅかくとうぎ》のような企画ができるところに福島さんの独自性があるのかもしれませんね。

福島　そうかもしれません。以前当館で、『荒俣宏《あらまたひろし》妖怪探偵団　ニッポン見聞録《けんぶんろく》　東北編』〔❾〕という書籍の取材で知り合った編集者さんに「福島さんは知らないことを自分の専門の土俵につなげるのが得意なんですね」と言われたことがあります。そこが私の強みだったのかと初めて気付きました。

――そういう意味では、分野と分野の「境界」に立ってお仕事をされていることになりますね。

福島　元々専門にしている保存修復自体が物事の「境界」を意識する分野なんですよね。オリジナルと修復した箇所の「境界」もそうですし、分野の「境界」も

❽「ANIMALs × morioka ～資料のなかの動物たち～」
２０１７年７月28日（金）～２０１７年10月９日（月）に開催。もりおか歴史文化館所蔵の美術工芸品や歴史資料の中に登場する動物の姿から、当時の人間と生き物の関わりを探る試みでした。

❾『荒俣宏妖怪探偵団　ニッポン見聞録　東北編』
博物学者・小説家の荒俣宏、理学博士の荻野慎諧《おぎのしんかい》、作家の峰守《みねもり》ひろかずが東北を舞台に妖怪を語りつくした１冊。第１章にもりおか歴史文化館所蔵の「水虎之図《すいこのず》」が登場。

またぎます。修復は技術があればいいのではなく、資料が美術史的にどのような意味を持つのかをわかっていないと間違った方向性で修復してしまうかもしれないですし、科学の知識がないと資料を破損してしまうかもしれない。美術と歴史と科学の「境界」ですね。

――それに、福島さんが修復を志したのも、歴史も美術もどちらも好きだから両方に関わりたいと思ったことがきっかけですしね。

福島　文化財調査員から学芸員に転職したのも「間に立つ仕事をしたい」と考えたからです。ずっと「境界」にいたい人なのかもしれない。関係なさそうなもの同士が重なるのが好きですし、そこから生まれる科学反応が好きなんです。

――学芸員さんの中にも、自分の専門を生かした研究や展示企画をする方もいれば、福島さんのような方もいるということですか。

福島　博物館は研究施設でもあるので、前者のような方が一般的だとは思うんです。自分の専門に沿った研究を軸に仕事をするような。ただ、当館の規模を考えると、自分の専門以外のこともやらなくてはならないのが実情ですね。逆に言えば、専門外でも自由にやらせてもらえるありがたい環境ではあります。

――博物館の在り方も、中で働いている人のスタイルも多様ですよね。「学芸員とはこういう仕事です！」という完全に決まった型がない。

福島　そう、正解がないんですよね。SNSで他館の方たちとやり取りをしていても、完全に同意できるところと、「えっ、他の博物館はそうなの!?」と驚くところがあって。なので、どの博物館にも当てはまることというものがあるのかはわかりません。自分の目の届く範囲のことしか皆知らないんですよね。私の今回のお話も、あくまで一例としてという形になるのかなと思います。

面白く伝え、末永く残す

――お仕事をしているうえで大事にしている、モットーのようなものはありますか。

福島　「面白く伝え、末永く残す」ですね。専門が保存修復なので、資料を残すことが最終目的なのですが、そのためには面白いと思ってくれる人が増えないといけません。特に公立博物館は税金で運営〔⑩〕しているので、「あそこの博物館

⑩博物館の運営方法
地方自治体には社会教育費という経費の項目があります。地方公共団体が条例をもとに設置し、教育委員会が所管する社会教育施設の経費、教育委員会が行った社会教育活動のために支出した経費（体育・文化関係、文化財保護も）で公立博物館は運営されています。●「地方教育費調査―用語の解説」、文部科学省、https://www.mext.go.jp/b_menu/toukei/001/005/1281947.htm

や資料は面白いし、すごく大事！」と思ってくれる人を増やして運営に理解を得ることも大事な仕事です。文化財業界に昔からある言葉に「保存と活用のジレンマ」というのがあります。「活用」つまり展示とか調査、と「保存」ってどちらも大事だけどバランスが難しくて、相反する部分も多いんです。でも私はそれ以上に、活用によって興味を持ってもらうことこそ、保存の第一歩だと思ってます。

――もりおか歴史文化館は地域に広く開かれた博物館であることを大切にしていますし、展示は博物館や資料の面白さを伝える場でもあるんですね。他のモットーはありますか？

福島　あとは「畏《おそ》れても良い。ビビるな」です。古い資料は壊れやすいですし、たとえば刀などは刃物なので危ないですよね。資料を扱うなら緊張感は大事だし、資料に敬意を持つことは必要です。ただ、ビビると手元が狂《くる》うんですよ。

――資料を恐れるあまり手が震えてしまったり、手が上手く動かない場合がありますよね。

福島　そうです。ビビるなら触らない方がいい。ビビらないためには「自分には扱える技術がある」という自信を持たないといけない。そのためには勉強と取り扱いのためのトレーニングが必要ですし、取り扱う際の自分の健康状態も気にしなきゃいけない。

——この本を読んでいる中高生や大学生は、自分の将来やりたいことと現在勉強していることの距離が遠いと感じる人もいるかもしれません。でも、それを積み重ねた先で大事なものを守れるようになるし、自分が勉強してきたことを信じて資料を扱うことになるんですね。

福島　学芸員のような専門職に就きたいと考えたとき、「高校や大学で学んだことをちゃんと生かせるだろうか」と不安になる人もいれば、「大学でやったことがあるから大丈夫だろう」と自信満々の人もいます。私はそれは両方とも大切なことだと思うんです。「勉強してきたことを生かせるはずだ」という自信も、「でも勉強した通りにはいかないはずだ」という緊張感も、仕事をするのに必要です。その両方がある状態を作るには、自分がこれまでやってきたことを信じられる裏付けを作る必要があります。勉強ってそのためにあるんですよね。でも、勉強ってすればするほどわからないことが増えるので、不安もずっとセットなんです。

——学芸員の仕事に憧れる人へのアドバイスはありますか。

福島　先ほどもお話しした通り、博物館によって置かれた状況が異なるので難しくはあるのですが。逆を言えば「これさえやっておけば必ず学芸員になれる」と

母校・東北芸術工科大学での特別講義。
他にも小中学校へ「出張授業」に行くこともある。

言えることもないと思います。学芸員資格の取得は必要ですが、実際、私は今、歴史系の博物館にいますけど高校生のときに日本史を履修《りしゅう》していないんですよね。働いてから学んだことが多いです。どういう館の学芸員になりたいか、学芸員になって何がしたいかによりますが、「これさえできれば」がないのと同じように、「〇〇ができないから学芸員にはなれない」とも言い切れないんです。

――そう考えると、自分が興味を持ったものは何でも挑戦するといいかもしれませんね。

福島　そう思います。引き出しは多い方が仕事の幅が広がりますから。引き出しは中身を見せるためのものじゃなくて、興味の受け皿なので。はじめは空っぽでも良いんです。あと、人との関係を大切にすることは意識した方がいいですね。資料とだけ接していればいいわけではなく、いろいろな方のお力を借りて博物館は成り立っているので。

――学芸員は資料を通じて人と接する仕事なのかもしれませんね。

福島　確かに。資料を通じて他の博物館の学芸員さんとコミュニケーションをとったり、展覧会も来館者の皆さんとの間接的な交流とも言えますしね。もっと言えば、資料の向こうには過去に生きた人がいるので、資料を大事にするという

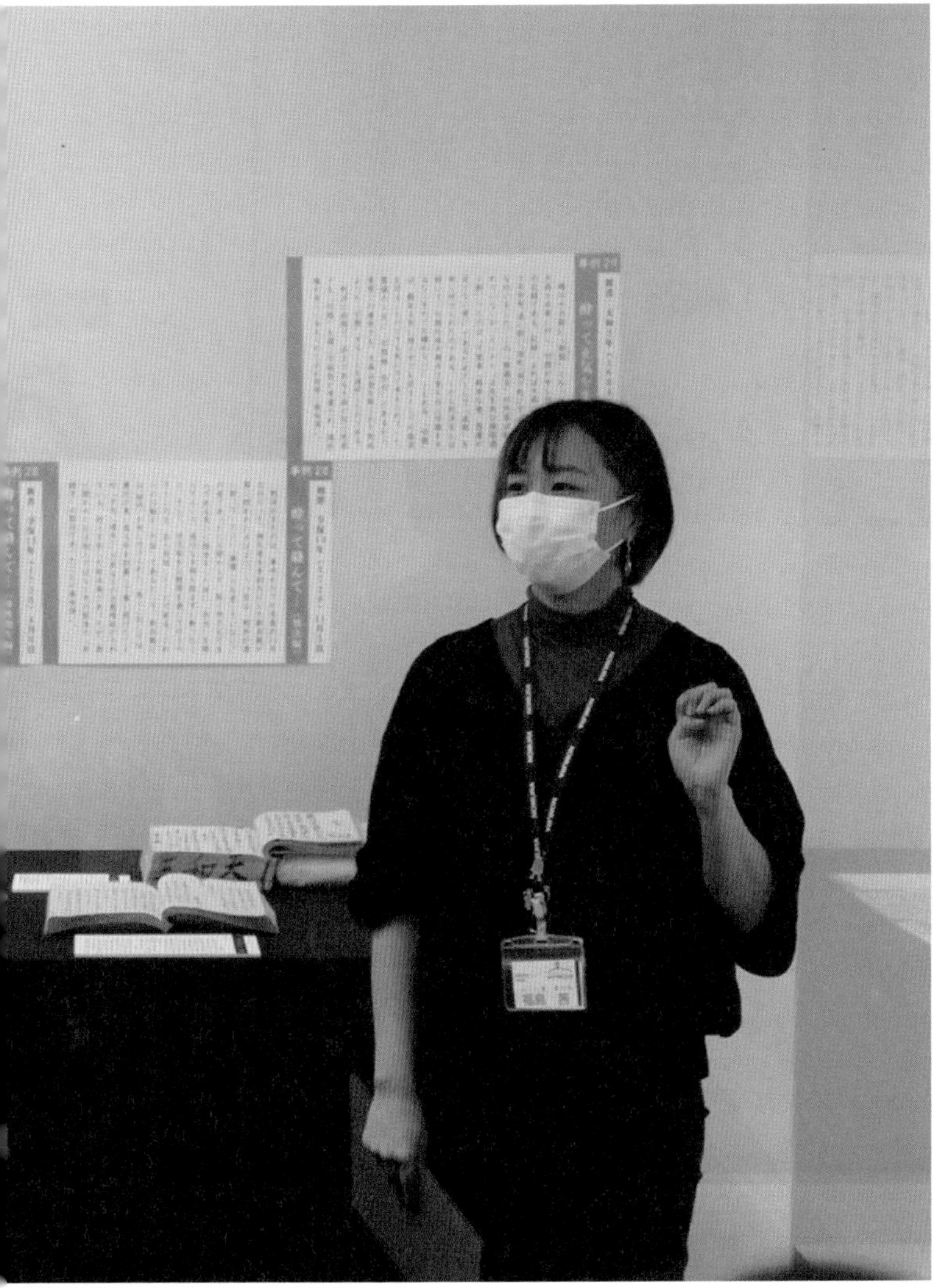

ことは昔の人のことを尊重することなのだと思います。他者との関係性を大切に誠実にすることを意識する、それが一番大切なのかもしれません。

information

もりおか歴史文化館

〒 020-0023
岩手県盛岡市内丸 1 番 50 号
HP　https://www.morireki.jp

旅の途中に思うこと❶

日々の勉強へのモチベーション

この「旅の途中に思うこと」では、ミュージアムと共に生きる人の話を聴いて考えたことを、博子さんと私・大澤で話し合っていきます。

博子 福島さんのお話の中で、特に「修復の倫理」について気になりました。どこまでがオリジナルの資料でどこからが修復なのかという議論は、きちんと学んでいないと責任のある判断ができないですよね。専門的な話題だなと思いました。

大澤 スペインでは過去に専門家以外が美術品を修復し、失敗したこともあったね（2012年に起きた19世紀の壁画《この人を見よ》の修復に関して）。

博子 「面白く伝え、末永く残す」という福島さんの言葉がとにかく良かったです。私も文化財に長く残ってほしい。私が文化財や博物館の資料を面白いと思ったように、未来の人にも面白いと思ってほしいです。

大澤 2023年には国立科学博物館が「地球の宝を守れ」を合言葉にクラウドファンディングをやっていたし、多くの人に文化財や博物館の資料を面白いと思ってもらって、継続的な応援や保存につなげたいよね。

博子 あと、もりおか歴史文化館の企画展「罪と罰―犯罪記録に見る江戸時代の盛岡―」も行ってみたかったです。

大澤 犯罪記録という切り口が面白いし、江戸時代の人々を身近に感じられる企画だよね。

博子 展示していたときの写真をよく見ると、パネルに「酒に酔って抜刀《ばっとう》！」と書いてあって……そのとき何があったんだ!? と思っちゃいました。

大澤 門番の人が居眠りしちゃった記録も展示していたみたいだね。犯罪記録を通じて、当時の盛岡の人たちの生き様を展示するなんて興味深い。

博子 展覧会のチラシも素敵でした。こうやってデザインに力を入れて、展示に興味を持ってもらうのも大事なんだなあ。

大澤 文献や古文書などの歴史資料って、一見地味と思われがちだもんね。それをどう魅せるか？ 学芸員をはじめ、展示を作る皆さんの個性が見えてるね。

博子 福島さんのお話は周りの高校生にも読んでほしいですね。私、数学が苦手で「こんな公式いつ使うの?」って思う時も正直あるんです。そう思いながら勉強するのってきついですよね。でも勉強すること自体が大事なことで、積み重ねることで大事なものが守れるなら……むしろ「やんなきゃ！」って思う。モチベーションにつながりました。

大澤 大人になってから「もっと勉強しておけばよかった！」と後悔することも多いしね。

博子 福島さんが学校で日本史を履修していないという話にもびっくりしました。働いてからも学びが続くお仕事をしていらっしゃるんですね。

大澤 いろんなタイプの学芸員さんがいるように、学芸員になるための積み重ねも多様なのかもしれないね。

watch!

【前半】企画展「罪と罰 ー犯罪記録に見る江戸時代の盛岡ー」ギャラリートーク

もりおか歴史文化館の YouTube で企画展「罪と罰ー犯罪記録に見る江戸時代の盛岡ー」（2023 年 8 月 11 日 ～ 2023 年 10 月 31 日開催）ギャラリートークを見ることができる。⇨ https://www.youtube.com/watch?v=NUBiYa-is3A

ミュージアムをテーマにした進路はどうやって探せばいいんだろう？

いろんなきっかけでミュージアムにかかわってきた人たちの話を聞きたい。進路選択のときにどうやって今の仕事に出会ったんだろう？

introduction & profile

合同会社AMANE《あまね》（以下AMANE）では未整理の学術資料の調査や、積極的な活用のためのデータ作り、イベント運営などを主な業務としています。

石川県金沢市、宮城県仙台市、東京都文京区にオフィスがあり、スタッフの皆さんは日本全国を駆け回りながら学術資料と向き合って働いています。近世の日本史を中心とした歴史系のバックグラウンドを持つ方が多いのですが、情報処理などのIT系がご専門の方も。数百年前の資料を調査し、最新のテクノロジーも活用する幅広い業務内容に、会社としての個性があふれています。

中近世宗教文化がご専門で入社5年目の小川歩美《おがわあゆみ》さん、日本近世史がご専門で入社2年目の佐々木紫帆《ささきしほ》さんにお話を伺いました。博物館で展示される前段階の未整理資料の調査や、資料のデジタル化に取り組む中で、「歴史」とどのように向き合って働いているのでしょうか。

活用されるためのデータ作り

——AMANE《あまね》の皆さんと大澤は、自費出版誌『ミュージアムグッズパスポートVol.3』で取材をさせていただいたときからのご縁ですよね。学術資料をもっと多くの方に活用してもらう、その一環としてのミュージアムグッズの可能性について議論させていただきました。

小川　そうですね。その後、AMANEで開催している「学術野営《がくじゅつやえい》」（❶）という研究会では大澤さんにご登壇もいただいて、ミュージアムグッズで学術資料の魅力をどのように伝えるか議論もしましたね。

——その学術資料の調査はどのように行われるのですか。

佐々木　その調査が何のために行われるのかによって、内容や細かさは異なります。保管している収蔵庫自体のお引越しのために、中の所蔵品を整理するという

解説

❶学術野営
地域に存在する資料の保存・継承・利活用に関わる専門家が交流する研究会。その物理的な継承・情報公開及び共有・社会での利活用など、多面的かつ学際的な議論を展開。国立歴史民俗博物館と合同会社AMANEが共同で開催しています。

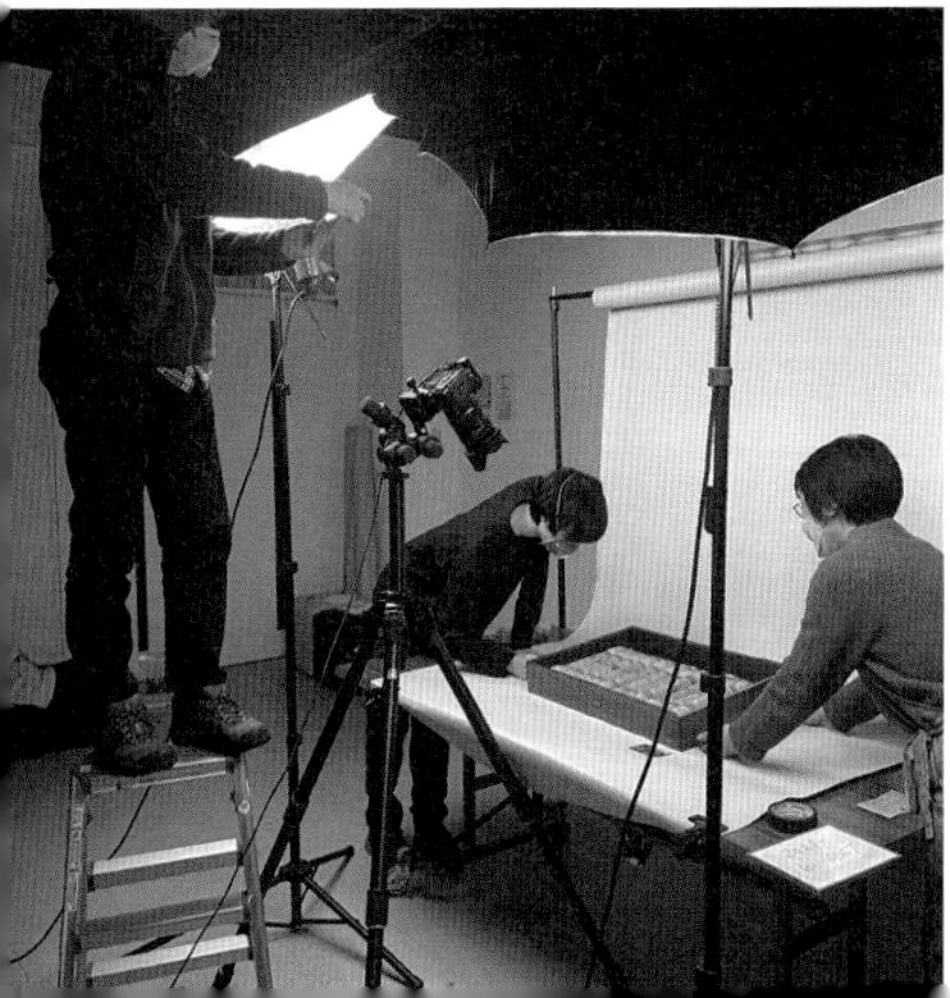

案件であれば、資料の点数と内容、収蔵場所を調査しますし、今後の資料の活用まで見据えるのであれば、それに向けた調査の内容を事前に考えます。どこに何があるかもわからないので、所在を調査してほしいというご依頼ももちろんあります。調査先は博物館の収蔵庫、自治体から依頼された個人のご自宅や空き家、蔵《くら》など様々ですね。行き先は東北や九州、また能登などの石川県内もあるので、そういう地域横断的《おうだんてき》な資料に触れられるのが面白いところかなと思いますね。

小川　そうですね。博物館や自治体が、地域で資料の保存や活用をするのはとても重要です。その前提があって、ＡＭＡＮＥではさまざまな地域や組織とかかわる機会があり、それもいい経験になっています。

――博物館や自治体の中で働くのとはまた違う楽しみがあるんですね。

小川　資料調査って実は力仕事で、ヘルメットを被るときもありますし、作業靴を履くときもあります。チリを吸い込まないようにする防塵《ぼうじん》マスクは大事。現場で、みんなで力を合わせて、身体を動かして作業をしています。大変なときもあるのですが終わってみると、全部楽しいんですよ。

佐々木　そう、なんだかんだ現場で資料や現物を触って調査したときが一番楽しい。民具など「これ何に使うんだろう」という資料が出てきたり。

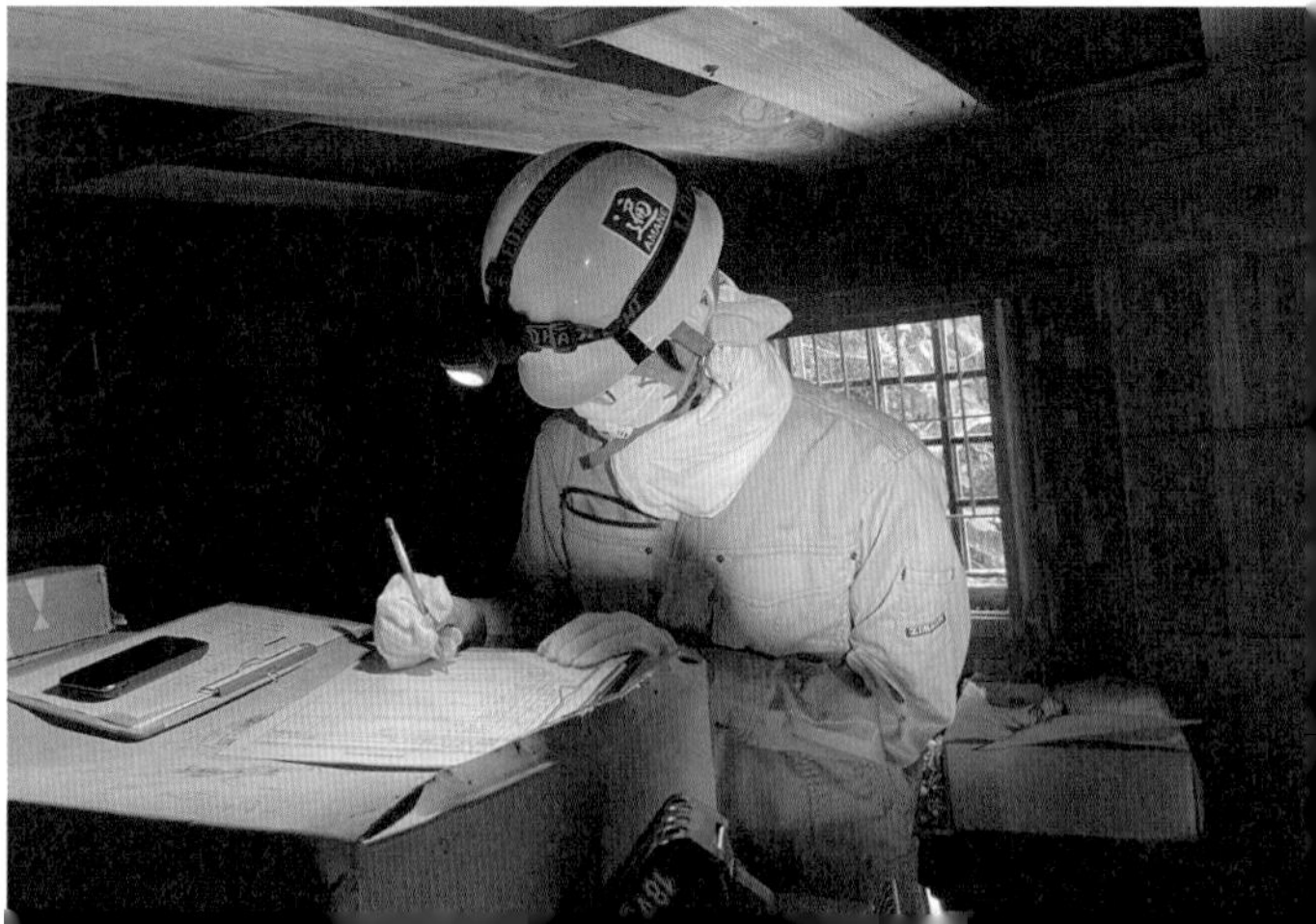

蔵の中で、どこにどのような資料が何点あるのかを調査しているところ（概要調査）。
現場の収蔵状況を写真に撮りながら、点数や内容を記録しています。

小川　私はパソコンの前で資料のデジタル化に向けた作業をするのも楽しいですよ。

佐々木　そういう作業、すごく苦手なので尊敬します。

小川　デジタルアーカイブ〔❷〕を作るのは楽しいですよ。大学でも学んだことはない分野ですけど、ＡＭＡＮＥにいるとデジタルにまつわる仕事があって、もう学ばないと仕方がない状態。でも学ぶのってやっぱり楽しいなって。自分の専門ではなくても、まったく知らないことが段々わかるようになる、そういう過程が私は大好きです。それが３６５日ずっとあるので、大変だけど楽しいなって思います。あとは作ったデータが活用されているときや、実施した調査がちゃんと役に立ったというお話をご依頼された方から聴くと嬉しいですね。

――なるほど、活用されるために整理するということですね。

小川　このお仕事ってご依頼をいただいたことに対して、逆にこちらから「こういう課題がありますよね」って提案することもあるんです。研究会や学会などで発表する機会もあります。現状の議論を整理したり、課題を定義したりなど、物事を考えて言葉にする仕事が多いんですよね。相手の課題意識を読み取って共有し、解決策を提案する仕事なので。もちろん生みの苦しみがあるんですけど、ご

❷デジタルアーカイブ
デジタル技術を使って作成された保存記録や公文書のこと。継続的に活用できるように、収集や蓄積が進められています。●「デジタルアーカイブとは」、特定非営利活動法人日本デジタルアーキビスト資格認定機構、https://jdaa.jp/digital-archives

自然史標本資料の撮影を行っているところ。これは蚕《かいこ》の繭《まゆ》です。

依頼相手にご理解いただいて一緒に頑張れるときはやりがいを感じます。

――そういう意味ではサイエンスコミュニケーション❸でもありますよね。

小川　そうですね。実施した調査の結果を相手だけではなく、地域の皆さんにもゆくゆくは還元しないといけないので。利用者の利便性はもちろん、博物館や資料を取り扱う自治体のスタッフが交代しても使いやすいようにしたり。その成果が出るのはもっと未来かもしれないですが、上手くいけば良いなと思いながら作業をしています。

――もっと「こういうことができるようになりたい！」という自分の課題はありますか。

佐々木　やっぱり古文書《こもんじょ》をすらすら読めるようになりたいです。AMANEの先輩たちは古文書の解読や関連する作業もすごく早いので、私のペースだと作業概要で決められた日程では間に合わないんですよね。だからもっと素早くやりたいのに読み間違えてしまうこともあるというのが悩みです。

――それを克服するには、古文書を読む量が必要なんですかね。

❸サイエンスコミュニケーション
科学の面白さや科学技術をめぐる課題を多くの人に伝え、共に考え、それぞれの人が主体的に行動できる入り口を作ったりする活動。そのような活動を担う人をサイエンスコミュニケーターと呼びます。●「見てみよう　科学技術」、文部科学省、https://www.mext.go.jp/kids/find/kagaku/mext_0005.html

佐々木　古文書自体もですが、関連する様々な論文・文献を読んでいる量も重要ですね。定型文や語句を知っているか。こういう文章が来るなら次はこの単語が来るはずという、いかに次の予想ができるか、その知識を蓄えたいですね。

小川　「古文書」と一口で言っても、それぞれの時代や地域で特徴があります。読みづらい文字を書く人はやっぱりいますし、日本の東西で使ってる単語が違っていたりするんですよね。それに、古文書の整理の方法やルールも県が違えば違うので、ご依頼相手としっかり話し合う必要があるんですよね。

佐々木　それもやはり慣れが必要だと思います。相手の方がこういう学術資料の整理に慣れているとも限らなくて、AMANEにすべてお任せしてくださるケースもあります。そうなるとこちらが今までどれだけの経験を重ねてきたかによるので、その経験を蓄えるのが永遠の課題かなと思いますね。

行政書類や手紙など、当時の暮らしに関連した資料を読むと昔の人を身近に感じられます。

「研究」という営みに惹かれて

――歴史にまつわるお仕事に就こうと思ったのはいつ頃ですか？

佐々木　幼稚園の頃から小学生まで古代エジプトが好きで、考古学者になりたかったんです。私は出身が青森県なのですが、小学校6年生の頃に青森県立美術館で見た古代エジプトにまつわる展覧会を見て、考古学者の吉村作治《よしむらさくじ》先生のサイン会にも行ったんです。そのときに「学芸員という職業に就けば博物館で働けるらしいぞ」と知ったんです。

小川　小学校6年生で学芸員という仕事を知ったのは早い気がする。しっかりしてるねえ。

佐々木　そしてたまたま近所に日本史が好きな人が住んでいて、その人と交流する中で「歴史ってエジプトに限ったことじゃないよな、日本にももちろん歴史ってあるんだよな」と思って。そこから日本史に興味がわいて大学でも学ぶことに

紙資料だけではなくガラス乾版写真も扱います。光に透かすと、昔の集合写真が！

しました。

——そこからAMANEに出会うにはどのようなプロセスだったのですか。

佐々木　当時は新選組《しんせんぐみ》や旧幕派《きゅうばくは》が好きだったのと、都会ではなく地方が好きなので、愛媛《えひめ》大学に進学しました。でも卒業論文の調査のフィールドは東北だったんです。就職も東北に関係のある歴史の仕事がいいなと考えていました。大学生のときに「愛媛資料ネット」(❹)という地震や大雨の被害を受けた資料をレスキューする活動をしていたんです。その関係者向けのメールにＡＭＡＮＥの「学術野営」の案内があり、参加することにしたんです。そこで就職にまつわる相談もさせてもらって。

小川　「学術野営」は研究者や学芸員などの社会人の参加者が多く、学生のうちからこういうイベントに参加するのは勇気がいりますよね。なので主催していた私たちも佐々木さんが参加してくれて嬉しかったのを覚えています。こちらも学生が何に興味を持っているのかを知りたいので、とても参考になりました。

佐々木　学芸員になりたい気持ちはもちろんありましたが、愛媛にいると東北の情報もなかなか入ってこず、どうしたらいいんだろうと悩んでいたんです。そのときにＡＭＡＮＥは仙台にも支社があると知りまして、東北で歴史を仕事にする

❹愛媛資料ネット
2001年3月24日に愛媛・広島県で大きな被害が発生した芸予《げいよ》地震を機に設立。2004年の大型台風による水害、2018年の西日本豪雨などの災害に対応して、愛媛県内全域で歴史資料を守る活動を行っています。●「愛媛資料ネットについて」、愛媛資料ネット、https://snet.ll.ehime-u.ac.jp/about/

チャンスを見つけたぞと。遠隔《えんかく》でアルバイトをさせてもらったり、調査にも参加してから入社が決まりました。

小川　私は小さい頃から職業のことを全然考えてなく、中学生や高校生の頃はむしろやりたいことがない人間でした。だから進路を選ぶのが大変でした。金沢大学に進学し就職活動や公務員試験を受けたりもしたんですけど、それよりも卒業論文の執筆が楽しかったんですよ。もちろん辛かったこともありましたが、そこには楽しさもあって、一方で就職活動は辛さしかなくて。これは、私、研究をやりたいのかなと思い、同じ金沢大学大学院の修士課程の進学を決めました。

――研究という行為がすごく自分にフィットしたんですね。

小川　私がいた研究室はフィールドワークをしている人文学〔❺〕の研究者が集まっていました。それに、私は受験勉強の暗記がすごく苦手だったんです。今思えば、この学問がなぜ、どうやって、私の目の前にあるのか、その現場を知りたいという気持ちがあったのかもしれません。図像の研究もしていたので、仏画を調査しに山奥のお寺に行ったり、資料の写真を撮るために色々な機材を担いだり。教科書で読んでいた情報がどういうふうに作られるのかを大学で実際に体験できたのは大きいですね。私は勉強ではなく、教科書の先にある研究がしたかったんだと。

資料調査で使う道具がずらり　体力勝負な力仕事でもあることが伝わります

❺人文学
「人間の精神や文化を主な研究対象とする学問であり、社会科学は人間集団や社会の在り方を主な研究対象とする学問である」（●『学術研究推進部会　人文学及び社会科学の振興に関する委員会（懇談会）』「第二章　人文学及び社会科学の学問的特性」、文部科学省、https://www.mext.go.jp/b_menu/shingi/gijyutu/gijyutu4/toushin/attach/1238027.htm より引用）。文学、歴史学、哲学、言語学、宗教学、美術史などが含まれます。

――そこからＡＭＡＮＥに就職するきっかけは？

小川　私は「就職は学芸員一択だ！」とはあまり思っていませんでした。自分の「研究という行為が好き」という思いを生かせる職業をきちんと検討したかったんです。その中で、ＡＭＡＮＥが金沢大学の収蔵する資料調査も行っていると知り、会社見学や単発のアルバイトもさせていただきました。その後スタッフを募集しているとのことで、継続的なアルバイトをさせてもらって、相性を互いに確認してから入社に至ったという経緯ですね。

――学術や歴史にまつわるお仕事って、就活サイトなどにもなかなかないですよね。やはり自分の足で探すしかないでしょうか。

小川　私の研究室では皆さんが使うような就活サイトから、博物館の倉庫を作る仕事や、美術輸送に携わる仕事に就いている人もいます。私も、こんな仕事があるんだとびっくりしました。ですので、「博物館にはどういう職業の人が関わっているんだろう」と想像して、自分で調べることが大事なのかなと思います。

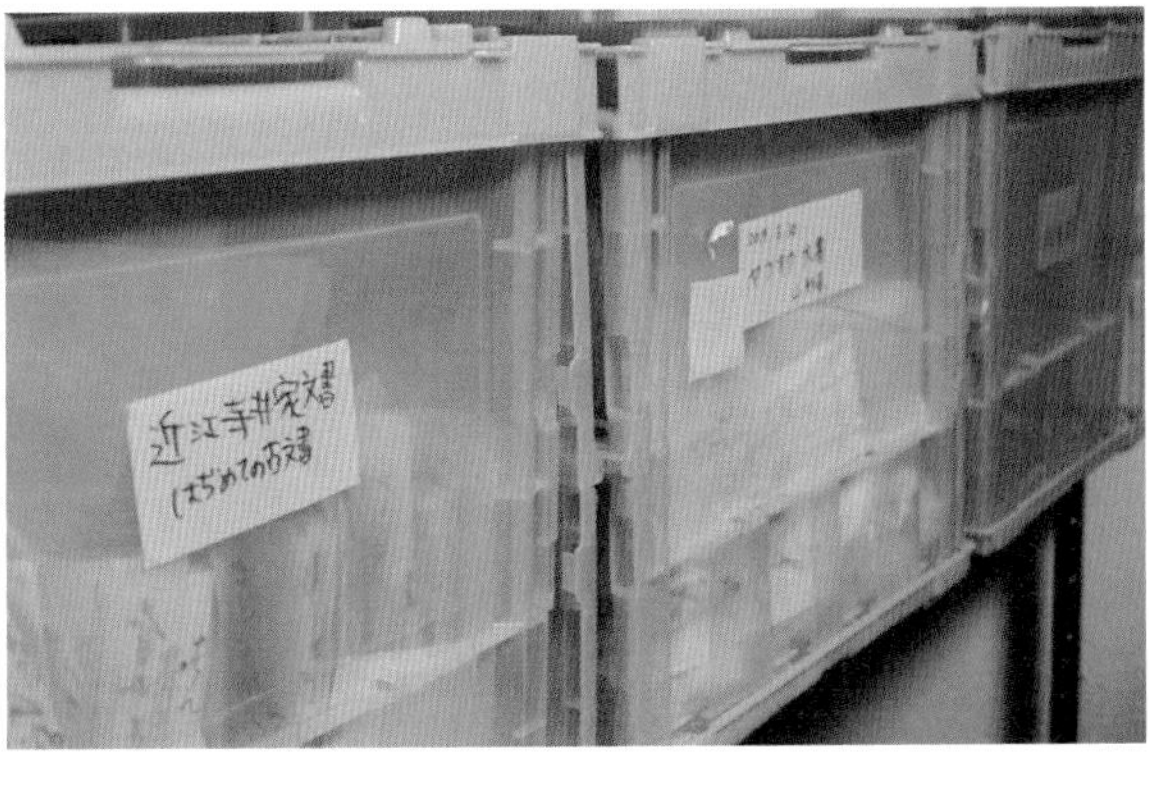

大型のクリアケースにラベルをつけて分かりやすく保存。

歴史のレイヤーを積み重ねる担い手として

――歴史や学問に興味を持つにはどうしたらいいと思いますか。

佐々木　「我が家は歴史のある家じゃないし」「家にも特に古い物とかない」とお思いの方もいるでしょうけど、それこそ昭和に使われていた生活の道具だって、すでに使い方がわからないものもあります。「家にあるこれ、博物館の昭和のコーナーにもあった！」みたいな。あと、大学時代に参加していた愛媛資料ネットでもよく言われていたのですが、何が書かれているのかわからない紙資料も意外と大切な歴史史料だったりするんですよね。

小川　実は面白い資料もありますよね。たとえ本人が歴史や学問に興味がなくても、その人の生きてきた背景やお家や地域などにも歴史はあるんです。教科書で習うような「歴史」は日本の中央的な歴史ですが、歴史はどこにでもあり、もっと自分に身近だと思います。

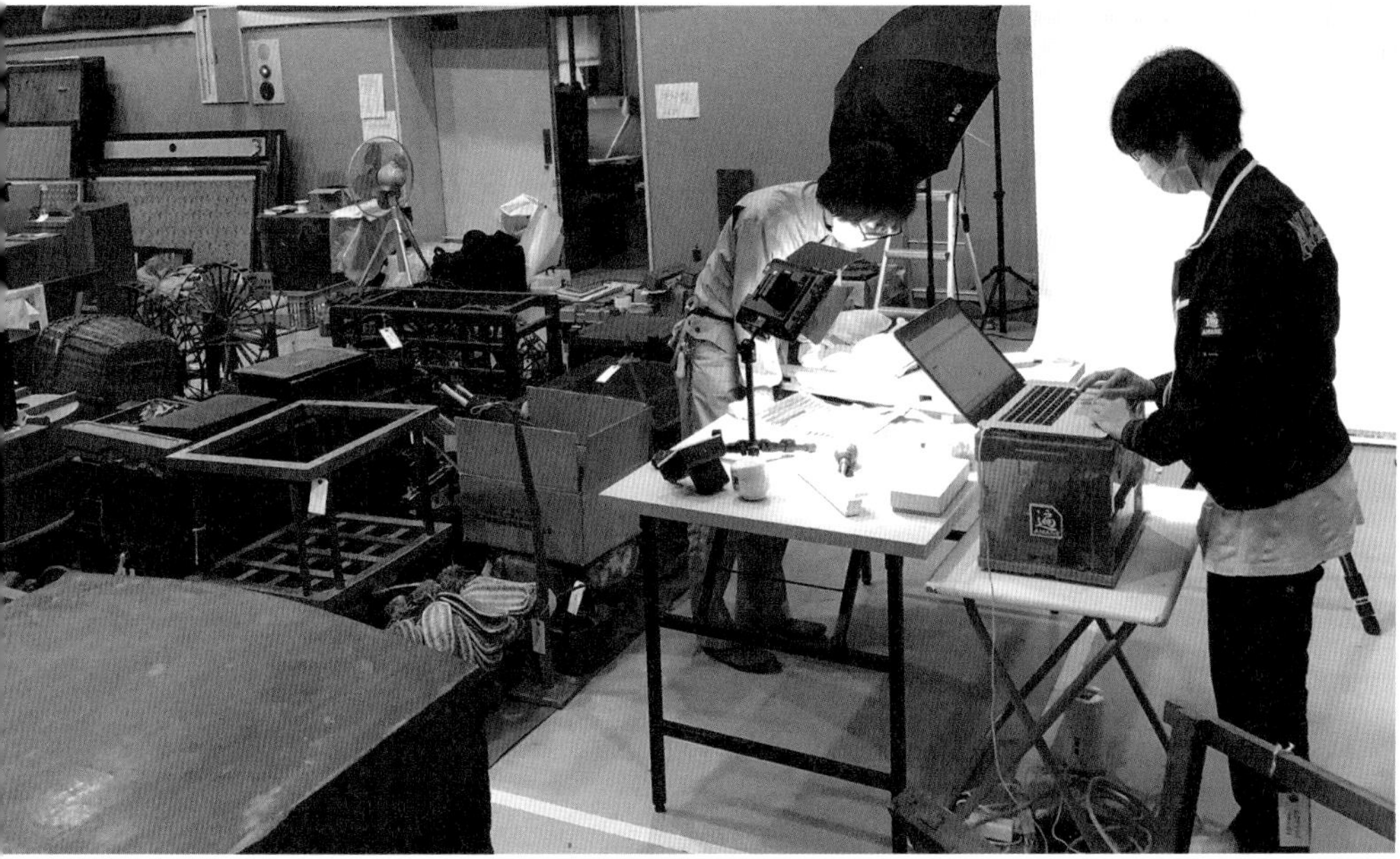

民具の調査をしているところ。奥のスタッフが民具の撮影をしながら目録入力に必要な内容を口頭で伝え、手前のスタッフがその内容を目録データに入力しています。

資料の撮影をしているところ。撮影をしながら大きさや状態を記録しています。

企画展の展示作業をしているところ。左のスタッフが掛軸を設置しており、右のスタッフがその補助をしています。

——その通りですね。授業で習う「歴史」では、ごく一部の地域を取り上げているだけだったりしますしね。

佐々木　そうなんですよね。教科書に書いてあるのは東京都や京都府など、政権があった地域の話です。「一方その頃、青森県では……」などはあまり習わないですよね。それに教科書では、「１６０３年の江戸時代」と書かれていますが、地域によっては権力者の支配の実感がそこまでなかったり、江戸幕府の影響が及ぼされていない地域もあったでしょう。

小川　反対に、もっと先進的だったところもあったかもしれない。

佐々木　歴史の大きな流れだけではなくて、地域独自の流れや大きな流れとの関係など、自分の身近な場所から学んでみると、「自分に関係ない話」ではなくなると思うんです。自分もその流れの中にいるんだと。

——業務として資料に触れて、それを実感する瞬間ってありますか。「私も歴史の一部である」んだって。

小川　その資料の内容に関係なく思います。こうやって人の営みが積み重なってきて、私もここにいるんだ、その後も続いて行くんだ、みたいな。

❻神仏分離
神道《しんとう》の国教化政策を行うため、明治元年（１８６８）から、神社から仏教的な要素を排除しようとした明治政府の政策。

佐々木　それこそ、自分たちの仕事の軌跡《きせき》が、後世の人によって分析されたりするんだって思うと胸が熱くなりますね。未来の人に「何をやっているんだ」とがっかりされないようにしないと。

小川　学生の頃から宗教の研究をしていたので特に思うことなのですが、研究をしていると、明治政府ができたときの神仏分離でその姿が大きく変化してしまったので、今の宗教の中から神仏分離《しんぶつぶつり》〔❻〕以前の宗教の姿を見ることは難しいなと実感します。だからこそ当時の資料を直接見ることでしかわからないんだと。神仏分離は見方によっては「分断」ですが、宗教が宗教として生き残るのに辿ってきたプロセス。それを研究するのが私は好きなんです。お寺や神社って清らかなイメージがありますが、それでも長く組織として成り立つには、ビジネス的な面も必要なんですよね。時代を経て今も残っているものもあれば、もう見えないものもある。でも資料を調査することでわかることもあります。

――なるほど、そのために資料を残そうとしているんですね。見ようによっては歴史の分断かもしれないけど、それもひっくるめて人間の歴史なんだということが、資料があればわかる。

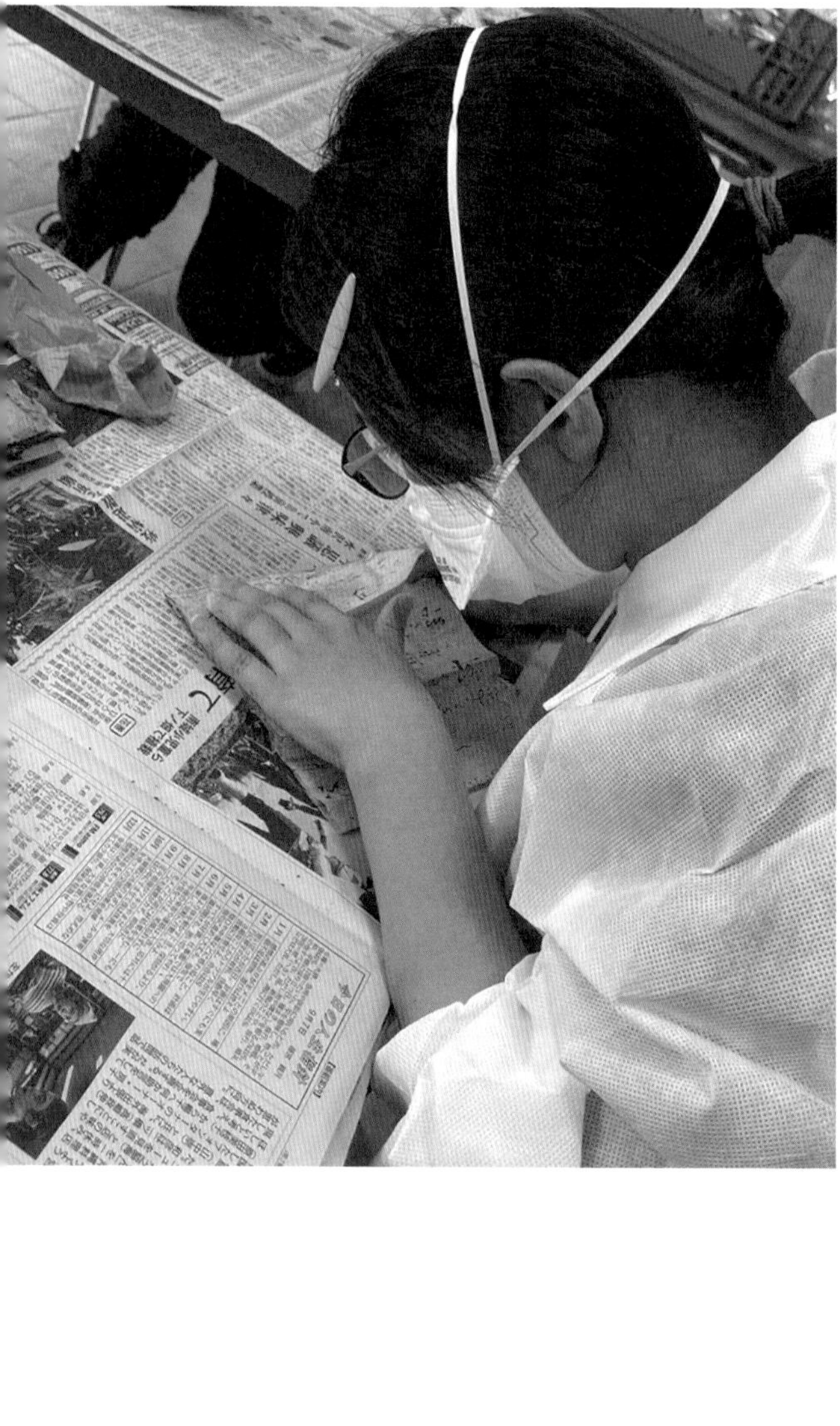

小川　そうですね、そこで終わりではなくて、そこからもちろんお寺や神社は生きていかないといけないし、それでも人々の願望や祈りは続くものです。資料を残そうとした人がいることで続いていくものがあるんですよね。そういう作業が歴史の積み重ねなんだなと思います。人間も組織も、続けていくことが一番難しくて、大切なことですからね。

information

合同会社 AMANE

HP　https://amane-project.jp

旅の途中に思うこと❷

「かっこいい」からつながる未来

博子 小川さんの「たとえ本人が歴史や学問に興味がなくても、その人の生きてきた背景やお家や地域などにも歴史はある」という言葉が好きです。

大澤 授業で習うことだけが歴史ではなくて、私たちが暮らす地域や生活がもう歴史なんだよね。

博子 それに気づけただけで世界を見る目が180度変わります。お話を聞いてすごくドキドキしました。

大澤 例えば私たちが暮らす札幌は、北海道新幹線の工事や都市開発の真っ最中（2024年）で、まさに自分たちは変化の中にいるんだよね。そういうひとつひとつの営みが歴史の積み重ねそのものなんだ、と実感できる機会をもっと作れたらいいな。

博子 「歴史は残す人がいないと残らない」ということも、私たち高校生にはなかなか実感しにくいです。お仕事なので大変なこともたくさんあると思うんですが……AMANEさんの取り組みはかっこいいと素直に思います。

大澤 「かっこいいお仕事だなあ」という憧れって実は大切なのかもね。「古文書読めるってかっこいい！」とか。

博子 佐々木さんの「もっと古文書をすらすら読めるようになりたい」の言葉を聞いたあと、学校の国語の先生に「私も古文書や古典に触れたい」と相談したんです。そうしたらそれをきっかけに、『伊勢物語』を先生と一緒に読むことになりました。

大澤 それはいいね。

博子 『伊勢物語』は主人公の男の恋愛に関する話が多いのですが、書かれていることはなかなか毒舌で面白いんですよ。現代だったらSNSで炎上しそうなタイプかも（笑）。

大澤 そうだ、こんなコンテンツ知ってる？ 老舗《しにせ》書店の「有隣堂《ゆうりんどう》」が運営している、『有隣堂しか知らない世界』というYouTubeチャンネルがあるの(https://www.youtube.com/@Yurindo_YouTube)。
現代のJ-POP《ジェーポップ》を古文訳にして熱唱する「古文訳J-POPの世界」っていう動画のシリーズがあって。いろいろな和歌や古典を踏まえながら楽しんでいるんだよ。

博子 最高ですね！ 古典って面白いですよね。『伊勢物語』を読んでいても「今回も皮肉たっぷりの和歌爆誕！」なんて笑いっぱなしです。

大澤 歴史の中の人も普通の人間だと実感するよね。博子ちゃんが大人になる頃にはもっとメディアが発展しているだろうから、さらに新しい活動も作れるかもしれないし、今からでもできるかもしれない。

博子 私の学校は同好会を作れる機会もあるので、「古典きゃっきゃ同好会」をまず作るのはありですね。古文訳J-POPもやってみようかな。

ミュージアムに向き合っている人はどんなことを大切にしているんだろう？

私たちが知らないだけで、様々な立場でミュージアムにかかわるお仕事もあるはず。実際にどんなお仕事があるんだろう？

SASAKI KYOSUKE

佐々木香輔

introduction & profile

ミュージアムの中でも外でも働いている多様な人を知りたい。そう考えた際に頭に浮かんだのが、株式会社飛鳥園《あすかえん》、奈良国立博物館の写真技師を経て、現在はフリーのフォトグラファーとして文化財を撮影している佐々木香輔《ささききょうすけ》さん。

宮城県仙台市の出身で、日本大学芸術学部写真学科を卒業後、フォトグラファーとしての道を今も歩まれています。博物館における写真の活用として、広報物への掲載、グッズとしてだけではなく、デジタル技術の向上により高精細な画像データを調査研究にも使えるようになった昨今。「興味深い！」と、高校生の頃は写真部だった大澤は胸が躍りました。

忘れられない撮影現場での思い出から、デジタルデータの取り扱いの難しさ、調査研究に使う写真と表現としての写真の在り方など、幅広くお話を伺いました。特に、写真を撮るという行為が、物事の観察と取《しゅ》捨選択《しゃせんたく》につながっているというお話は必読です。

太陽光を使った撮影の記憶

——写真を撮り始めたきっかけは何ですか？

佐々木　小学校4年生のときに学校のクラブ活動で写真クラブに入ったのがきっかけです。そのときに仙台市の写真の賞をもらったんですよ。自分が表彰されたのは初めての経験で、「俺は写真が得意なのかもしれない」と勘違いして（笑）。そのときに、将来はカメラマンになろうと決めました。小学校6年生の卒業文集で将来の夢も「カメラマン」って書いて、高校も写真部でした。大学も日本大学芸術学部の写真学科です。

——小学生の頃から写真に取り組んでいたんですね。

佐々木　高校は男子校で、写真部の部員は僕一人だったんです。厳しい指導もなく自由で、暗室〔❶〕も独り占めできて楽しかったな。当時は森山大道《もりやまだいどう》〔❷〕が好きだったのでスナップショットを中心に撮りつつ、将来は報道写真家もいいなあ

解説

❶暗室
まっ暗にできる部屋。現代のデジタル技術と違い、フィルム時代の現像やプリント作業では、感光を防ぐためにまっ暗な部屋が必要になります。

❷森山大道
1938年大阪府池田市生まれの写真家。グラフィックデザイナーを経て1964年に独立。「アレ・ブレ・ボケ」と呼ばれる荒れた粒子、焦点がブレた不鮮明な画面、ノーファインダーによる傾いた構図が特徴的。

とぼんやり憧れていました。

——その後、東京に上京されてどうでしたか。

佐々木　やっぱりカルチャーショックはありましたね。毎月のように都内の美術館に行って、写真による表現に触れる機会が多くて、大学2～4年生の頃は星野《ほしの》道夫《みちお》(❸)に憧れましたね。著書も全部読みました。特に絶筆(生涯最後の本)となった『森と氷河と鯨　ワタリガラスの伝説を求めて』は印象に残っています。博物館に収蔵されている、先住民の遺跡や墓から第三者によって持ち去られた埋蔵品《まいぞうひん》や遺骨《いこつ》の返還運動にまつわるリペイトリエイション(❹)の記述は、博物館で写真技師として働くようになってからも意識していました。

　僕が仕事で撮影しているこの仏像は、博物館の中にある間は文化財ですが、もちろん人々の信仰の対象でもあります。博物館で働くうえで、そのふたつの側面があることは考え続けなくてはいけないなって。大学の卒業制作も山形県の出羽《でわ》三山《さんざん》を舞台に、人々の祈りや古来の自然信仰をテーマにしたもので、その経験も影響しているかもしれません。

——そこから、1922(大正11)年に創業し、仏像や仏画、文書、社殿などの寺社文化財、宗教空間の撮影を行う株式会社飛鳥園《あすかえん》に入社して仏像など文化財を撮影するフォトグラファーの道へ進まれたんですね。

❸星野道夫
1952年千葉県市川市生まれの写真家。アラスカの自然と野生動物、人々の暮らしを取材し、その様子を写真と文章で記録していました。

❹リペイトリエイション
英語で「帰還」を意味し、ここでは先住民が博物館コレクションの返還を求める運動のことを指します。
近代以降、世界中の博物館が古代の遺跡や墓から、学問と遺産の保護という名のもとに様々な美術品や人骨を収集。その先祖の埋葬品や骨を、故郷の地へと返還を望む、イヌイットらの人々の願いが大きな流れとなり生まれた運動。

佐々木　写真家の小川光三《おがわこうぞう》（❺）に師事して、２年間アシスタントとして勤務しました。その頃は暗室での作業が中心で、ガラス乾板から密着プリント（❻）を制作する作業もみっちりやりました。大学でも教わらなかった昔ながらの方法なので、ぜんぜん慣れずとても下手くそでしたが（苦笑）。

――その頃の忘れられない思い出はありますか。

佐々木　奈良県奈良市の薬師寺《やくしじ》の金堂《こんどう》に祀《まつ》られている、国宝の日光菩薩《にっこうぼさつ》と月光菩薩《がっこうぼさつ》（❼）の撮影ですかね。東京国立博物館の特別展ポスターに使うための撮影で、アシスタントで参加しました。お堂の薄暗い中にある仏像に、大きな鏡を使って太陽光を注ぐと、見入ってしまうような、仕事であることを忘れてしまうような表情が浮かび上がって。当時はフィルムカメラでの撮影で露光時間も10秒や15秒あって、みんな静かに動かず待つんです。あの没入感。夏の朝７時頃で、遠くで飛んでいる飛行機の音だけが聞こえて。あの一瞬の静寂《せいじゃく》は強烈でした。

――今も鮮やかに思い出せるご経験なんですね。

佐々木　平等院鳳凰堂《びょうどういんほうおうどう》での撮影も面白かったな。その撮影も朝に行いました。平等院鳳凰堂は池の中島に建てられていて、朝の太陽の光が水面に反射するように

❺小川光三
飛鳥園を創業した小川晴暘の三男。1948年に晴暘から飛鳥園の経営と撮影を引き継ぎました。太陽光で大胆にライティングする手法を好み、数多くの仏像写真の名作を世に送り出しました。2016年5月30日没。

❻密着プリント
ネガ状態のガラス乾板やフィルムを印画紙の上に直接置いて、密着させてプリントする手法。

❼日光菩薩と月光菩薩
薬師寺の創建当初より祀られている国宝のご本尊で、薬師如来の左右に立っています。太陽や月の光がすみずみまで照らすように人びとを見守る仏様。

工夫されています。その水面に風がそよぐと、反射した光もゆらゆら揺れて。それに合わせて堂内の金や螺鈿でできた装飾品もゆらゆらっと輝き出すんです。「あ、ここは特別な空間なんだな」と実感しましたし、歴史の流れの中に身を置いている感覚を覚えました。それはスタジオ内の人工光ではなく、現地の太陽光での撮影だったからこその体験でしたね。

――人間がコントロールできない自然の中で、太陽光で露光を待つ。その時間そのものが宗教的な体験なのかもしれません。

佐々木　太陽光は昔の人も使っていた光ですし、そういう意味では歴史とつながれる感覚はあるのかもしれないですね。博物館で自分で仏像を撮るようになってからは年に2、3回、師匠の小川光三にプリントを見せて講評してもらったのも貴重な経験でした。

写真は自分の味方になってくれる

星野道夫『森と氷河と鯨 ワタリガラスの伝説を求めて』(文春文庫)(❹)
「ワタリガラスの神話」から連なる人類の足跡を追い、アラスカからシベリアまでの旅を記録したエッセイ。前記したリペイトリエイションもここで紹介されています。

――その後、奈良国立博物館〔❽〕で写真技師としてお勤めになられたんですね。

佐々木　博物館には11年勤めました。フォトグラファーとしての基礎をみっちり身に着けましたね。最初の1年間はフィルムカメラでの撮影で、そのときはまさにフィルムからデジタルへの移行期だったんです。デジタルへの移行を提案すると不安の声も上がったのですが、デジタルの6000万画素の画像を研究者に見せると驚いていました。仏像の表面の細かい顔料の跡まで写真から観察できるんです。現地調査でのひとつのツールとして十分に活用できることを示し、博物館への導入に至ることができました。

――図録や広報資料としてだけではない写真の活用方法ですね。

佐々木　6000万画素以上になると、肉眼で見える範囲を超えていますからね。高解像度の資料を残すことになります。例えば、すごくサイズの小さな仏像をマクロレンズで撮影して、「頭頂部に緑青があるね」「細かい穴が開いているから素材は楠《くすのき》かも」などと分析できる材料になります。研究者にもメリットがある形で仕事ができるようになりました。

❽奈良国立博物館
奈良県奈良市に所在する博物館。特に仏教と関わりの深い古美術品や考古遺品などの文化財の保存や調査・研究・展示を行っています。🌐奈良国立博物館、https://www.narahaku.go.jp/about/

――博物館における資料のデジタル化にもお仕事で関わられたとか。

佐々木　館内のデジタルデータを整理する作業もやりましたね。フィルムは物として手元にあるので、ある程度整理はしやすいのですが、デジタルになると頭の中やパソコンの画面上で考えることになってしまうので、ルールに則《のっと》った整理が必要なんです。例えばデータファイルの名称を、ある研究員は「日付＋名称」、別の研究員は「通し番号」……と、ばらばらのルールの元では一元化した管理が大変ですよね。それに写真データとなると、ポスターや図録など様々な形で活用した結果、いろんなファイルがつくられます。そうするとだんだん整理が行き届かなくなって、よく使うＪＰＥＧ画像しか手元に残っておらず、元データのＲＡＷ画像〈❾〉は行方不明……となっては、資料としての価値がなくなってしまいます。ＲＡＷ画像のデータには撮影条件が保存されているので、編集過程をさかのぼれるという可逆性《かぎゃくせい》（変化したものを元の状態に戻せること）が保てます。調査研究においては必要な情報ですね。赤外線での撮影時は波長の条件も記録しています。

――今後、デジタル化に関した専門知識を有する職員の必要性も増していきそうですね。

佐々木　資料のデータベース化など、日本はまだまだ未発展の分野です。僕も博

❾ＲＡＷ画像・ＪＰＥＧ画像
デジタルカメラの画像データの保存形式の一種。ＲＡＷ画像ではホワイトバランスや露出などを、画質を損なわずに後から調整することができます。ＲＡＷ画像を現像しＪＰＥＧ画像などの状態にしたうえで、印刷物やＷＥＢなどで使用できます。

高島屋史料館ＴＯＫＹＯで開催された「陶の仏ー近代常滑の陶彫」の広報用写真を撮影中。この撮影では黒い背景布を使用したとのこと。

物館に収蔵されているガラス乾板写真〔⑩〕を3万枚、前任のカメラマンが残したフィルムも6万枚スキャンしました。こういう基礎情報の構築にまつわる作業の重要性が、もっと知られるようになってほしいなと思います。

――博物館のフォトグラファーは写真を撮るだけではなく、研究、保存、活用に向けたデジタルデータの取り扱いについても取り組む仕事なんですね。

佐々木　そのあたりは組織や人によっても異なります。僕は自分の仕事の幅を広げたくて、博物館におけるデータの保存や活用についても積極的に取り組みました。働き始めて1年目は本当に右往左往だったのですが、本格的にデジタル化に取り組んだ2010年頃から、自分のやるべきことが明確になっていきましたね。

――例えばですが、研究者個人が資料用として文化財を撮影しても、もしその方が亡くなってしまったらデータの場所がわからなくなってしまったり。

佐々木　そういうお話はよく聞きます。だから博物館・美術館などの公的な組織が撮影すれば、館内外で広く使えるデータになりますよね。それを嫌がって写真を自分だけの「調査資料」や「作品」にしたい人は、博物館の写真技師には向いてないのかも。公共の成果として、多くの人と共有するのが仕事でもありますしね。共有することで、若い人たちの教育や研究のためにもなります。

⑩ガラス乾板写真
無色透明のガラス板に感光する写真乳材を塗り、そこに被写体を映し出す手法。フィルムの登場により衰退。

――特に文化財の撮影ですと、通常は公開していない仏像を、何年かに一回拝観できる御開帳《ごかいちょう》のタイミングでないと撮影できないなど貴重な資料も多いですよね。

佐々木　「佐々木君が撮影失敗したら、次の公開の10年後まで撮れないよ」なんて冗談で言われたりもしました。最初はやはりプレッシャーがありましたね。

――プレッシャーはありつつ、とてもやりがいがあるお仕事ですね。

佐々木　面白いなと思うのが、文化財を中心に撮影しているフォトグラファーで、学校で写真を学んでからこの仕事に就いた人が僕の周囲にあまりいなかったことですね。考古学が元々の専門で、現場で測量や遺物の撮影を経験してから文化財専門の写真技師になった人もいます。文化財の保存について大学で学び、そこから写真技師になった人もいますよ。どんなふうに人生が転がるかわからないですが、「写真が撮れる」という力は常に自分の味方になってくれると思います。博物館・美術館の仕事ならどこに行っても求められるスキルですからね。

2つの役割を求める旅の途中で

——現在はフリーのフォトグラファーとして活動をされています。撮影した仏像の写真は、調査研究と広報物に使われることが多いですか。

佐々木　そうですね。調査研究のための撮影では、正面、側面、背面、部分、像底を撮影しており、余った時間で広報物に使われるような、仏像の魅力を引き出す「表現」としての撮影をする時間を10分から20分ほどいただいています。

でも、図録に掲載されるような調査研究用の白い背景の写真だけでは、仏像の持っている様々な表情のひとつしか伝えることができないので、黒い背景での撮影も大事です。実は大きな仏像だと調査研究用の白い背景紙をそのまま使うのですが、ライティングを変えればまるで黒い背景紙を使ったように見えるんです。小さな仏像だと短時間で背景布を変えれますが、大きな仏像だとそうもいかないので。

——人の心に訴える「魅せる」写真を撮るということでしょうか。

佐々木　そうですね。調査研究で撮影する写真の重要性と、多くの人の心に残る写真の重要性は対立するものではないと考えています。僕の強みは両方できることですね。例えば、表現としての写真家からキャリアをスタートさせている人に、調査研究としての写真を依頼するケースは少ないんですよね。僕への依頼の6割から7割は調査研究用の撮影です。でも同時に表現としての仏像を撮影できるのが特徴だと思います。

——その対立しそうな物事が同時に存在するのが、ご自身の仕事の面白さにつながるんですね。6割は調査研究を求められても、4割は表現ができるという。

佐々木　調査研究と表現は対立するものではないですよね。いろいろな側面があるのが仏像や文化財の面白さで、写真でその面白さを追いかけ続けているんだと思います。伝える方法が違うだけで、調査研究としての写真、表現としての写真の根っこは一緒です。博物館の調査研究としての写真では、資料に極端な陰影をつけないことが共通認識です。見えない部分は記録に残らず、資料にもならないですからね。でもそれと同時に、僕が飛鳥園

実際にフライヤーに写真が使用されるとこのように。背景に滑らかに沈む影が美しい。象も表情豊か。

で教わって大事にしているのが、想像の余白のために陰影をつけることなんです。陰影で立体感を出して、全部を見せないこと。

――余白としての陰影なんですね。その一方で、調査研究用の写真ではきちんとすべてを見せるという。

佐々木　飛鳥園では陰影をつける撮影の現場にいたので、博物館で陰影をつけない撮影を学んでカルチャーショックでした。でも調査研究のためには陰影をつけない撮影も大事なんです。50年後、100年後、もし仏像やお寺がなくなってしまっても資料として写真が残ります。表現としての要素が強い記録写真を見ると「ああ、この仏像の背面も知りたかったなあ」と思うことがあります。

――「魅《み》せる」ために仏像を撮影する際に、心がけていることはありますか。

佐々木　文化財としての仏像は過去に造られたものなので、今を生きる私たちが、その文化資源を活用することで現代社会に働きかける価値を生み出しています。だから撮影する際の誠実な姿勢がないと「昔の人が造った文化資源を利用して、自分個人だけの名声を高めているんじゃないか」と思ってしまうときがあるんです。自分の写真がグッズ化や書籍化する際も、独りよがりにならないように注意しないといけないと考えています。

information

佐々木香輔　オフィシャルサイト

HP　https://www.kyosukesasaki.com

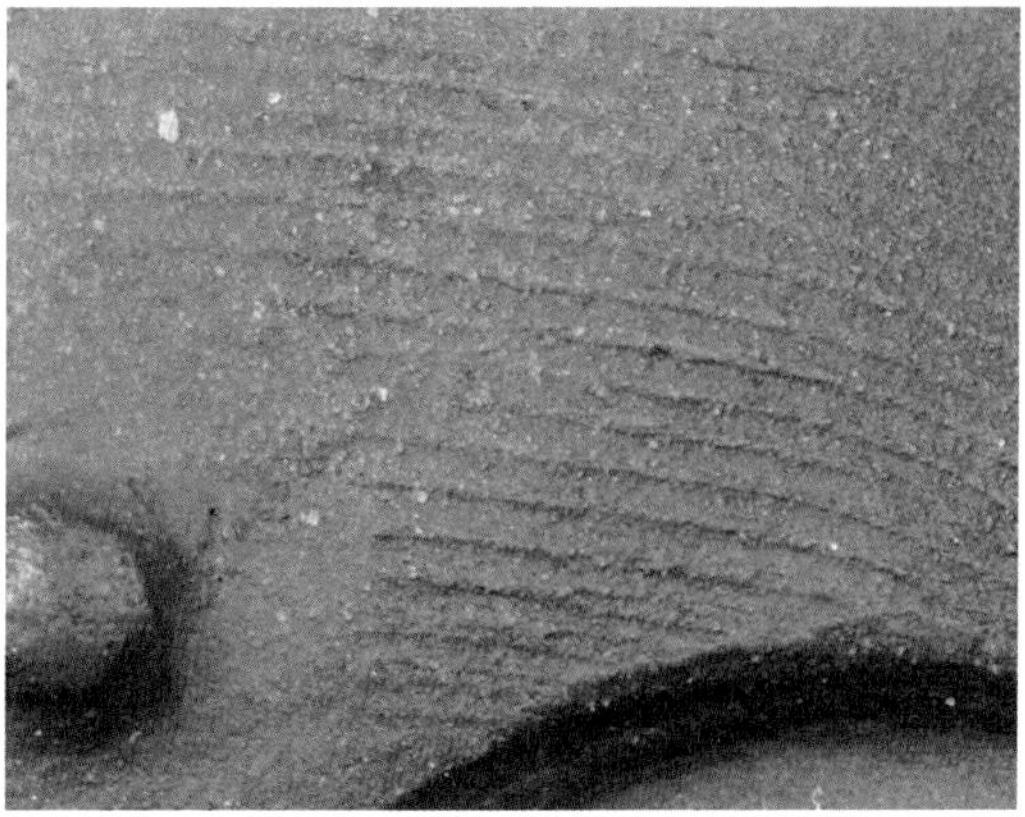

像高が 30cm ほどの小さな仏像ですが、6,000 万画素で捉えると肉眼ではわからなかった箆《へら》の痕跡などもモニターを通して確認できます。
調査時は必ずパソコンと連結し、モニター上で細部を観察しながら撮影するそうです。
宗興寺所蔵　普賢菩薩坐像（柴山清風作）

ポスターに使われたカットの資料写真ヴァージョン。このように陰影を極力つけないことで、資料の細部まで観察できるようにしています。
ライティングで文化財の印象も大きく変わります。

――文化財の活用はそういうセンシティブな側面がありますよね。後ろめたさや心苦しさがあって敏感になってしまうのは、信仰の対象である仏像を撮影していたからでしょうか。

佐々木　飛鳥園で働いていた経験があるからかもしれません。例えば仏像のカレンダーを作ったとして、その上に物を置いたら先輩フォトグラファーに注意されます。「仏さんの上に物を置いたらあかん」ってね。それからかな、暗室作業で出してしまった仏像写真のミスプリントをシュレッターにかける時なんかも、すごい後ろめたさがありますよ（苦笑）。

――佐々木さんが大学生の頃に星野道夫の本を読んで、資料と信仰の狭間を考えた経験につながる活動をずっとされていますね。

佐々木　こういう現場にいると割り切れないことは多いですからね。でも大切にしたいです。飛鳥園にいたときの撮影でも「ずかずかと壇上《だんじょう》に上がって仏像に照明を当てるようなカメラマンには写真を撮らせたくない」と、お寺の関係者の方に言われたこともあります。そこに気を配ることは大事で、多くの博物館関係者は配慮《はいりょ》しているんじゃないかな。

写真の楽しさを伝えたいという思いから、奈良市で cafe & gallery メカブも経営しています。

――写真という形で博物館に関わってみたい人へのアドバイスはありますか。

佐々木　博物館にいればどんな職種であろうと撮影の仕事はあると思うんです。写真が上手い学芸員や研究者は観察力も高いと思います。漫然《まんぜん》と撮らない。「とりあえずこの辺を撮っておいて」と言われても、「この辺ってどこですか」という話なんです。

――そういう意味で、写真を撮るのは物を見る訓練ですね。

佐々木　フレーミングすることは切り取るという意思決定であり、自分が何を写すか写さないのかという判断ですよね。自分は被写体である作品を、どのようにして見せたいのか。そういう「主語」が明確な仕事をする訓練が、写真の撮影ということです。写真技師がいない博物館は多く、学芸員などのスタッフが自分で撮影することもしばしばです。この作品の何を伝えたいのかを明確にしていないと、鑑賞する人も感動しません。自分の想いをどう視覚的に表現するかが写真なので、ミュージアムと生きていきたいと思う人はぜひトライしてみてほしいです。

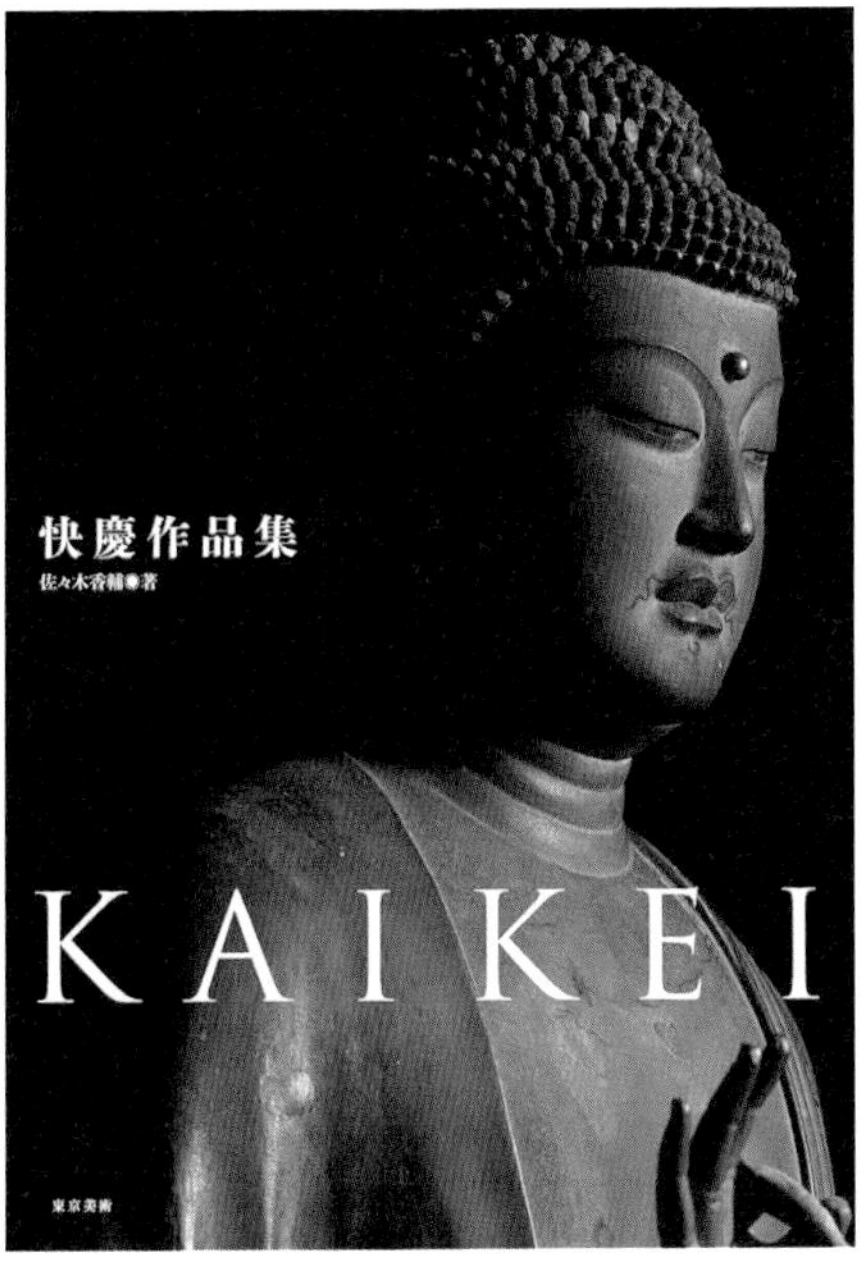

佐々木さんが著した写真集『快慶作品集』（東京美術刊）は、奈良博で過ごした11年にわたる活動の集大成ともいえる本です。

写真の掲載にあたり、下記の各位よりご協力を賜りました。
（敬称略）宗興寺、海老名熱実（高島屋史料館ＴＯＫＹＯ学芸員）

旅の途中に思うこと③

誰かの宝物を尊重するために

博子　飛鳥園でお仕事をされていた時に、日光を使ってお堂に光を取り入れ、仏像を撮影をしたエピソードが素敵です。想像したらグッときちゃいます。

大澤　早朝の自然光で撮影するなんてね。

博子　私、平等院鳳凰堂も行ったことがないんです。

大澤　とっても素敵なところだよ。池の光が堂内の装飾品に反射してキラキラ揺れて……特別な空間だね。AMANEの小川さんや佐々木さんのお話にも通ずる、「歴史の流れの中に自分は身を置いているんだ」という感覚だよね。

博子　そういうのを感じたいですよね。私はコロナ禍の学校生活でオンライン授業も多くて、修学旅行もなかったので。現地での体験、現場のリアルに憧れているのかも。

大澤　そうか、それは大きく影響しているかもしれないね。

博子　あと、「昔の人が造った文化資源を利用して、自分個人だけの名声を高めているんじゃないか」というお話にも考えさせられました。

大澤　私もミュージアムグッズの仕事をしているから、この話はすごく大事な視点かもしれない。お金儲《もう》けが目的になってしまったり、自分のメリットばかり考えていては文化に対して誠実に仕事をしているとは言えないよね。佐々木さんも、文化と消費の関係性の難しさと向き合うお仕事をしているんだよね。

博子 文化財はいくら物体としての「モノ」だとはいえ、信仰とか文化とか思い出とか、相手が大切にしているものが込められている……ってことを忘れちゃいけないですね。

大澤 本当だね。物として、その瞬間だけの話題として、次々と消費されるばかりだったらそりゃ嫌だよね。

博子 あと、「写真が上手い学芸員や研究者は観察力も高いと思います。漫然と撮らない」というお話も興味深いですね。

大澤 何を撮るか、何を撮らないか。それを判断するという行為が、「写真を撮る」ということなんだよね。スマートフォンで写真を撮るのが日常な現在、写真撮影は確かに身近になったけど……。

博子 写真を撮ることが身近になった一方で、写真と向き合う機会もあまりなくて、「写真って何だろう？」と考えたことがないんですよね。インターネットなどで見られる文化財の写真も、それを撮っている人がいるんだと思うと、見方が変わります。私も写真をズームして、どんな顔料が残っているかとか、模様がないかとか探したくなっちゃう。

大澤 自分の写真の撮り方も変わりそうだよね。

博子 「こう見せたい！」と思って撮影した写真を、見た人がどう受け取るかも楽しみになりそう。

私たちにとってミュージアムは どんな存在なんだろう？

学びの場、癒しの場……私たちはミュージアムをどんな存在だと捉えているんだろう？　どんな場所だったらもっと身近な存在になるんだろう？

OGISU ITSUKI

荻巣樹

introduction & profile

なにわホネホネ団（以下、ホネホネ団）は、大阪市立自然史博物館《しぜんしはくぶつかん》を拠点に剥製や骨格標本を作成するサークル。

交通事故にあった動物や、海岸に打ち上げられた動物などの死体を標本にし、博物館の資料として収めています。地域にどんな動物が生息しているかを記録するのに、動物の死体は様々な情報を持っています。その情報を標本という調査できる形に仕上げるのは大事な作業。入団試験はタヌキを一匹、自分で解体すること！　年齢や性別、職業を問わず、取材当時（２０２３年）で４００名以上の団員が参加しています。

活動日にお邪魔すると、生き生きとした表情でアザラシの頭骨をブラシで洗っている方がいました。荻巣樹《おぎすいつき》さんは高校１年生。奈良県生駒《いこま》市内を中心にツバメの観察と研究に取り組んでいます。研究への興味の有無に関わらず、どうやったら多くの人に博物館に足を運んでもらえるんだろう？　と、アザラシの頭骨を洗いながら一緒に考えてみました。

良いタイミングで博物館に出会えた

——大阪市立自然史博物館《おおさかしりつしぜんしはくぶつかん》〔❶〕でのなにわホネホネ団の活動を知ったきっかけは？

荻巣　小学4年生の頃に臨時《りんじ》で担任になったのが理科の先生でした。僕がツバメ好きだと知って、大阪市立自然史博物館の学芸員で鳥類《ちょうるい》の研究をされている和田《わだ》岳《たけし》さん〔❷〕のイベントをすすめてくださいました。行ってみたら、鳥の調査を始める人向けのガチガチの勉強会だったんですよ。鳥に興味を持ったのも小学3年生の冬で。もともと昆虫《こんちゅう》が好きだったんですけど、自宅の庭に鳥がいっぱい来て、調べているうちに好きになったんです。そのタイミングで博物館と出会えてよかったですね。その後は博物館で月に1回開催されるイベントには必ず行っていました。

——ご自宅のお庭に来ていたのはどんな鳥だったんですか？

解説

❶大阪市立自然史博物館
大阪府大阪市に所在する自然史にまつわる博物館。博物館本館ミュージアムサービスセンターのカウンターには当番制で学芸員が座っており、展示などの質問に答えてくれます。●「学芸員の仕事」、和田の鳥小屋、https://www.omnh.jp/wada/curatorswork.html・大阪市立自然史博物館、https://www.omnh.jp

❷和田岳さん
大阪市立自然史博物館動物研究室の主任学芸員。鳥類の生態学《せいたいがく》が専門で、関西を中心に鳥類の繁殖《はんしょく》や生息状況を調査しています。

荻巣　最初は庭に来たメジロでした。小学4年生の春に、小学校の隣の幼稚園でシジュウカラが営巣《えいそう》（巣を作ること）したので、自由研究感覚で調べてみたんです。でも次の年には来なくて、小学5年生からツバメを観察し始め、今に至ります。

――ツバメに惹《ひ》かれた理由は何ですか？

荻巣　生駒《いこま》市内の商業ビル「グリーンヒルいこま」を散歩していたら、20個くらいツバメの巣があるのを見かけました。それが圧巻《あっかん》だったんです。そこで折りたたみ式の椅子を持参してツバメの観察を始めました。ビル内のお店のスタッフさんも最初は、「あの子は何をやってるんだろう」と不審がっていて（笑）。「ツバメの観察をしてます」と説明したら快《こころよ》く受け入れてくださいました（❸）。

――そして、ホネホネ団の存在はどこで知ったんですか？

荻巣　当時通っていた博物館のイベントで仲良くなった方が、ホネホネ団の団員だったんです。「生き物に興味があるなら、ちょっと見学しに来なよ」と誘われてお邪魔《じゃま》しました。そうしたらとても面白くって。

――生き物を実際に触れる経験をしてみて、どう感じていますか？

❸荻巣さんと「グリーンヒルいこま」「個性を受け入れる地域の環境が、子どもの可能性を無限大にする。「ツバメ少年」の存在から見えてくる、奈良県生駒市のグッドサイクル。」（グリーンズ、https://greenz.jp/2020/02/18/good_cycle_ikoma）の記事に、2020年に起こったグリーンヒルいこまでの出来事がまとめられています。

荻巣　鳥は警戒心《けいかいしん》が強いので、そもそも触れることが難しいです。ホネホネ団に入る前は羽拾いも好きだったので、拾った羽を一つ一つ観察して図鑑と見比べてみる程度でした。骨に触れるようになって、「体のここにこんな骨があるんだ」と構造を見るのが面白いなと感じますね。あと、ホネホネ団には面白い団員がたくさんいるのも嬉しいです。学校に鳥が好きな仲間はいないのですが、博物館に行けば同い年くらいの鳥や生き物が好きな人にも出会えます。

――確かに、ホネホネ団には様々なバックグラウンドをお持ちの方がいますよね。

荻巣　小学生も高校生も、親子で作業に来られている方もいます。鳥や生き物が好きで詳しい人がたくさんいて、思いっきり話せるのが楽しいんですよね。あと、学校で体育の時間に上を見て「わ！　鳥だ！」って言ったら注意されますが、博物館で誰かと話している途中に珍しい鳥を見つけたら、「よく見つけられたね！」と逆に褒められます（笑）。年齢に関係なくそういった交流ができるのはいいことだなと思いました。

――家庭や学校だと年齢で上下関係ができてしまう部分があるなか、ホネホネ団にはそういった雰囲気はないですよね。

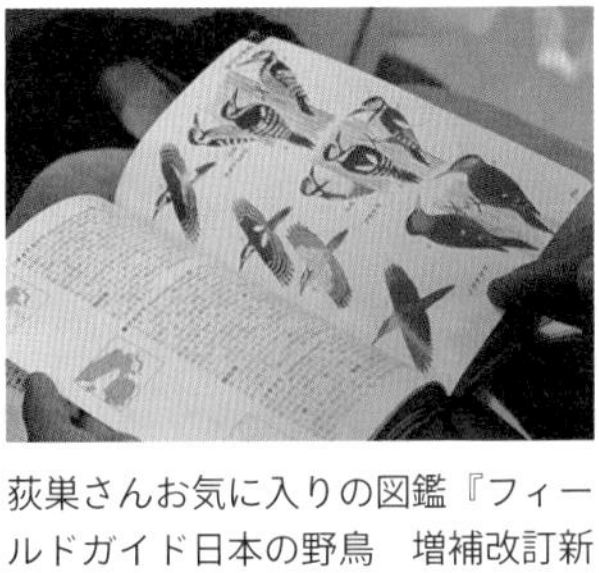

荻巣さんお気に入りの図鑑『フィールドガイド日本の野鳥　増補改訂新版』（日本野鳥の会）。「コンパクトなサイズなのでいつも持ち歩いています」とのこと。

荻巣　そう思います。僕の通っている学校はスーパーサイエンスハイスクール（SSH）〔❹〕に指定されていて、クラブ活動として科学クラブ「サイエンス研究会」があります。地学《ちがく》班、物理《ぶつり》班、化学《かがく》班などがある中で、僕は生物班に所属しています。とはいうものの、実は生き物の生態をフィールドに出て調査している学生って、学校など毎日接する人の中には少ないんですよ。例えば細胞やウイルスなど分子《ぶんし》生物学《せいぶつがく》に近い分野に興味を持っている学生が多いです。ですので科学クラブには所属しつつ、個人で研究を進めながら、和田さんにアドバイスをいただいています。

——荻巣さんはクラブ活動に関係なく、熱心にフィールド調査に取り組んでいるんですね。

荻巣　野生生物のフィールド調査って、生き物に合わせないといけないから、部活で野生動物を研究をしようと思ってもツバメなどの鳥は寝ている時間ですし。自分の予定に合わせるのではなくて、生き物の予定に合わせないといけないから、学校の授業がある小学生から高校生には大変な面もあると思います。

——そう考えると、このホネホネ団の活動に出会えてよかったですね。ここだと鳥以外にも色々な生き物に触れますし。

❹スーパーサイエンスハイスクール（SSH）
文部科学省に採択された指定高等学校等。先進的な理数教育や大学との共同研究、国際性を育むための取組を実施しています。●「スーパーサイエンスハイスクール（SSH）とは」、国立研究開発法人　科学技術振興機構　次世代人材育成事業、https://www.jst.go.jp/cpse/ssh/ssh/public/about.html

荻巣　今クリーニングしているアザラシもそうですが、野生動物をここまで間近でじっくり観察できる機会は普通はないです。中学生のとき、ホネホネ団でトラの解剖をすることになって大きな予定を変更したことがあります。そんな体験はめったにできないですから。他にも、通学途中にカラスの死骸《しがい》を見つけて、博物館宛に冷凍便の着払いで郵送の手続きをしていたら学校に遅刻しちゃったこともあります。すごくいい思い出なんですけどね。

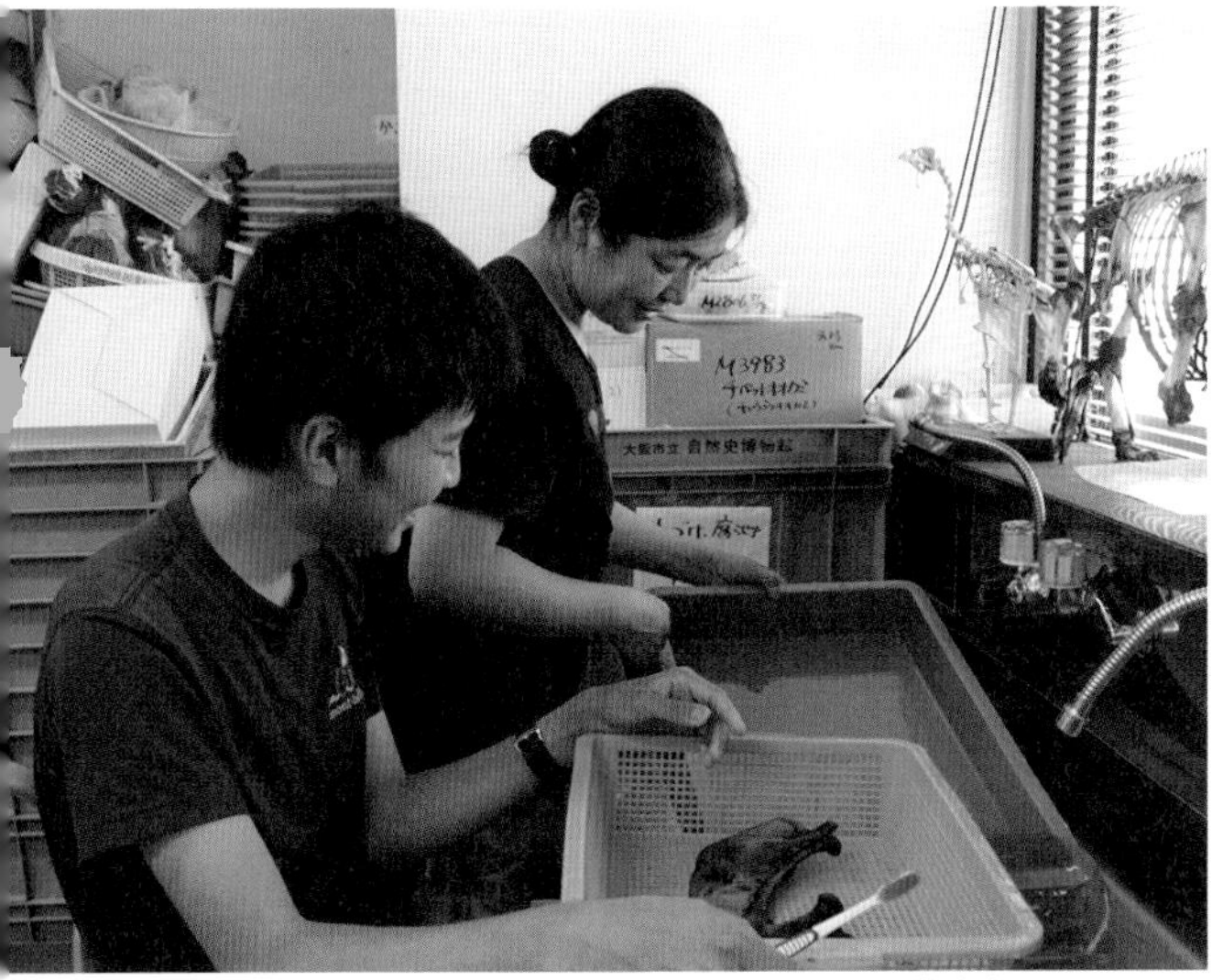

なにわホネホネ団・団長の西澤《にしざわ》真《ま》樹《き》子《こ》さん（奥）。

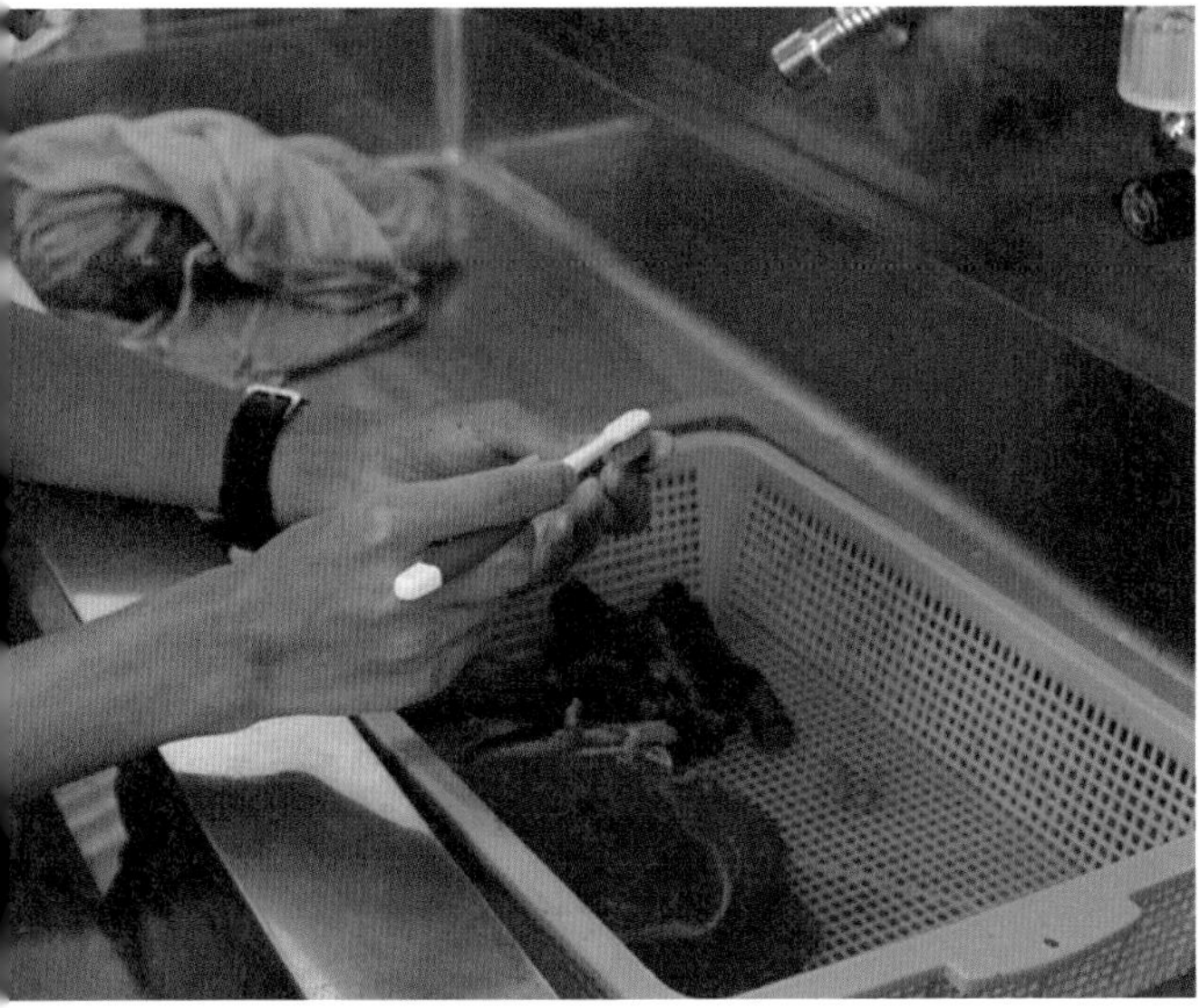

アザラシの頭骨をクリーニング中。
アザラシの頭骨に触れる機会なんて貴重！

研究好き≠博物館好き、かもしれない

——荻巣さんは同年代の中でもよく博物館に行く人ですよね。もっと多くの人に、博物館を身近に感じてもらうには何が必要だと思いますか？

荻巣　僕のようにSSHに通っている研究好きでも、意外と博物館に行かない子はいるんですよね。学校の中で先生から指導を受けて、ポスターなどにまとめて、学内で発表して……と学内で完結できちゃうんです。研究好きな子こそ博物館に行ってみてほしいですね。博物館の中にも研究者がいて、そういう方とつながる機会があると違うのかなと思います。

——確かに、研究を外に開いていくと新たな発展があるかもしれませんしね。

荻巣　あと、高校生になると博物館の料金が上がる博物館もありますよね。だから中学生の間にたくさん博物館に行ってほしいです。僕がもし後輩に「生き物の

勉強がしたくて、中学生のうちに何をしたらいいですか？」と聞かれたら、博物館に行きまくるようすすめると思います。僕も先生に博物館をすすめられて行くようになったので、博物館の存在と活用をオススメできる大人の人を増やすのもありかもしれません。

――子どもだけで博物館に行く機会って、学校の見学とかが中心になりますもんね。

荻巣　あくまで勉強だし、グループ単位の行動で時間にも追われますし。学校では難しいのかもしれないけど、小さいうちから「博物館での良い思い出」を増やすのは大事ですよね。例えば修学旅行で「現地の博物館行こうよ！」と提案したとして、「博物館良いよね！　行ってみようよ！」と賛同してくれる人が増えたらいいな。「とりあえず博物館に行ってみる」という人を増やすには、確かにどうしたらいいんだろう。

――荻巣さんの感じている博物館の面白さはどこにありますか？

荻巣　博物館にいると、気が付いたら時間を忘れているんですよね。そして、どんどん他の博物館にも行きたくなる。やりたいことや行きたいところが増える感覚があります。でも一方で、1日過ごせちゃうし、博物館ならではの安心感みたいなのはありますよね。もちろん勉強にはなるんですが、なんでしょうね、ほっ

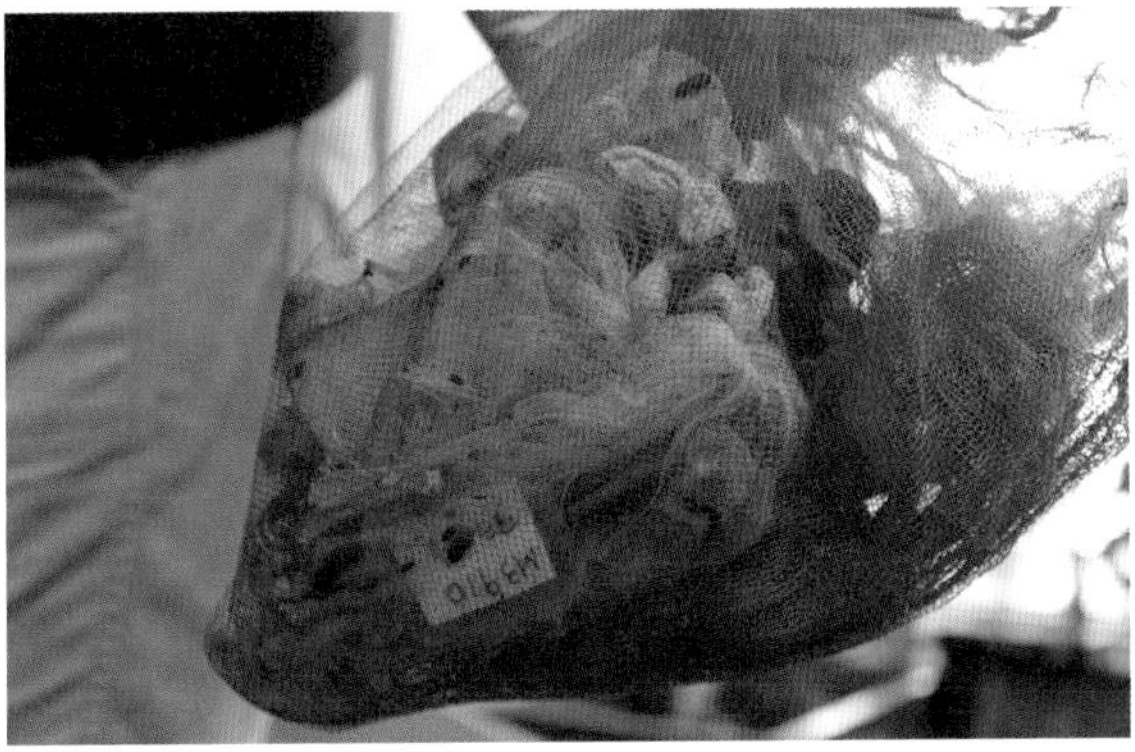

水漬けから引き上げられた骨。骨格標本を作るため、筋肉や内臓などをきれいに取り除いてから水に浸けて腐らせます。地中に埋めて微生物に分解させるなどの方法もあります。

とするというか、すごく落ち着きます。

——ホネホネ団の活動を通じて、博物館へのイメージって変化しましたか？

荻巣　展示室にある標本がこんなふうに作られているんだと知れたのが面白くて。展示されている標本を見るだけではなく、博物館のバックヤードでの活動に参加できる貴重な経験ができていますね。先ほども話したように、ホネホネ団の皆さんとはもっと踏み込んだ生き物の話ができるのも楽しみなんです。自分が間違った知識で話していないか、和田さんの前ではひやひやしますけどね（笑）。

——でもそれも大事な経験ですよね。博物館に通い始めてから、より世界が広がっている印象を受けます。そういえば、２０２３年12月から２０２４年１月までツバメの研究でフィリピンに短期留学されるんですよね。

荻巣　文部科学省の海外留学促進キャンペーン「トビタテ！留学ＪＡＰＡＮ《ジャパン》」（❺）第２ステージ「新・日本代表プログラム」に採用されました。僕が応募したのは「マイ探究コース」という、自分の興味関心がある分野の研究の留学ができるコースです。ツバメは渡り鳥なので、春から夏の間は日本で子育てをし、秋から冬にかけてはもっと南の国に渡って越冬します。僕はフィリピンに渡ったツバメがどのような行動をしているのか調べる予定です。

❺トビタテ！留学ＪＡＰＡＮ
意欲的な日本の若者が海外留学への挑戦の機運を醸成するため、文部科学省が推進する留学支援制度。

❻オランゴ島
フィリピンのセブ州に属し、野鳥保護区「Wild Sanctuary」があることで有名。冬の間に様々な国から渡り鳥がやってきます。●マグサレイ・パーラ「オランゴ島渡り鳥保護区の計画」『日本鳥類標識協会誌』５巻１号４-８頁、１９９０年、https://www.jstage.jst.go.jp/article/jbba/5/1/5_AR044/_article/-char/ja

——現地ではどんなふうに過ごしますか？

荻巣　フィリピン中部のセブ州にあるマクタン島の語学学校に午前中は通い、午後はツバメの観察や、現地の方のツバメの認知度《にんちど》の調査をする予定です。週末には隣のオランゴ島〔❻〕に行きたいですね。島が丸ごと自然環境保護区になっていて、渡り鳥などの野鳥のサンクチュアリ（安全な地域）なんです。現地の博物館にも行ってみたいですね。

博物館は自分と他人を比べない場所

——将来的にどのような形でツバメに関わっていきたいですか？

荻巣　鳥はもちろんですが、生き物全般が好きなので、生き物に関われる仕事が

団員たちが作業中……。

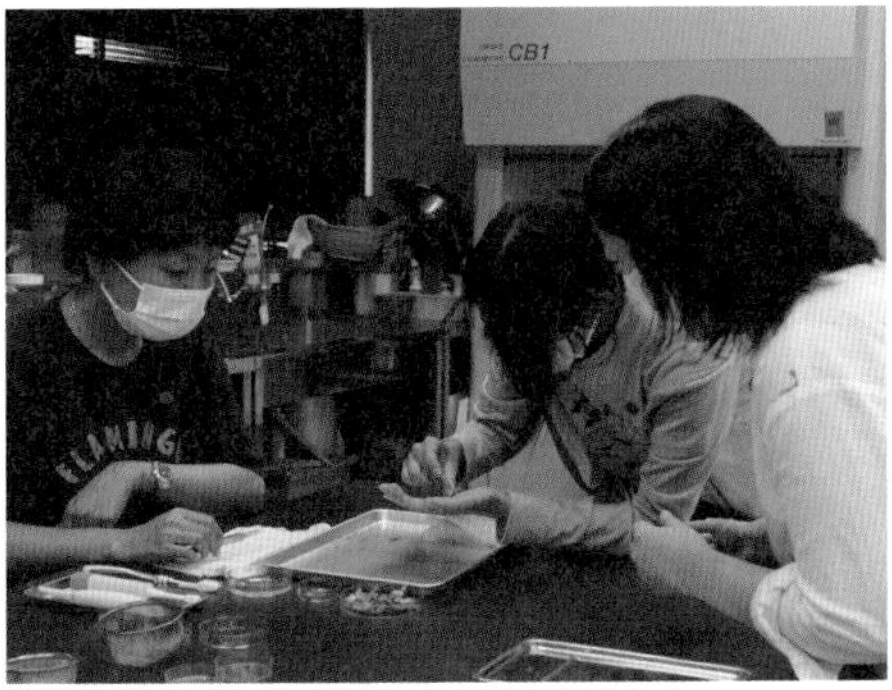

分解しきれなかった筋肉や内臓などが残っていないか？細かいところまでチェックします。

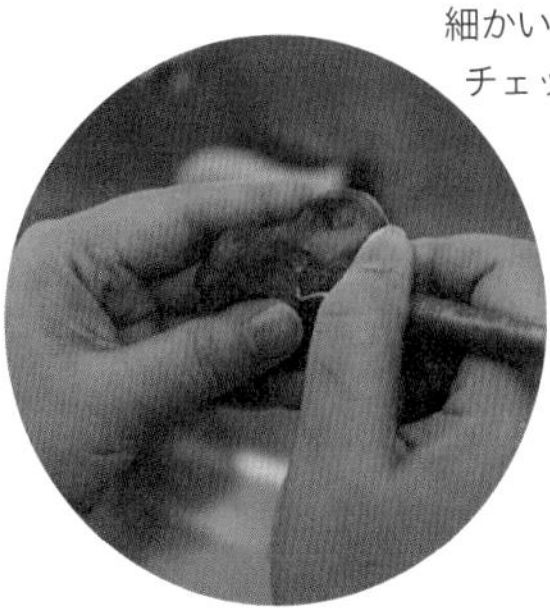

できればなと思います。研究者になるかどうかは決めていないですね。

――ツバメの研究に取り組んでいて、葛藤《かっとう》や苦労を経験をしたことはありますか。

荻巣　研究における社会貢献って難しいなあと思います。僕のツバメの研究が社会貢献《こうけん》になるかを問われる機会もあって、「ツバメがいなくなって人間は困るの？」と聞かれるときが難しいです。学校で研究する際に、研究に取り組もうと考えた背景、研究で明らかにする内容や方法をまとめた研究計画書を書くのですが、「あなたの研究をどう社会貢献につなげますか？」という欄があると、どこか疑問を覚える自分もいるんですよね。せっかく興味を持った研究テーマを見つけても、「社会貢献につながらなさそうだから止めとこう」と、本当に好きなことを諦めてしまう子も見かけたりするので。

――早い段階から社会貢献を意識しすぎるのも、なかなか難しい側面があるんですね。

荻巣　研究を始めるときは、その物差しを社会貢献に絞りすぎないことも大事だと思います。博物館に行けば、人間の役に立つか立たないかで判断する人にはなかなか出会わないので、そういう意味でもほっとします。もちろん助成金《じょせいきん》（公的機関よりわけられる資金）〔❼〕をいただいて研究をしているので必要な観点ではあ

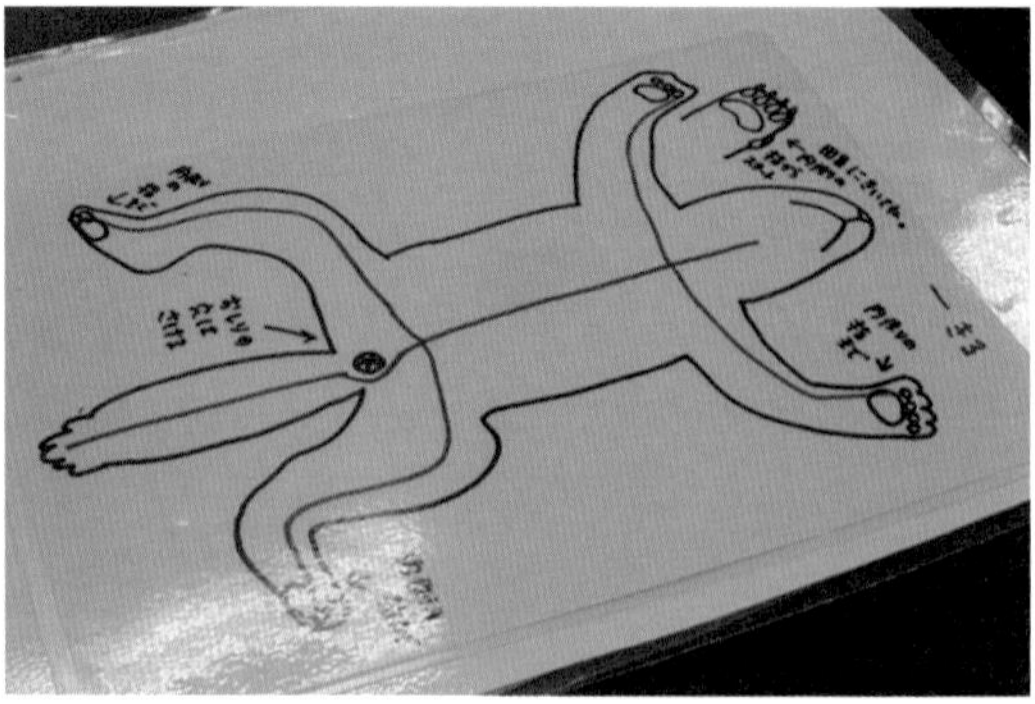

生き物の皮を剝ぐ手順のイラスト。

りますが、同じ悩みを抱えている方も博物館にはいますしね。

――ツバメは私たちにとって身近な鳥ですし、「なぜわざわざツバメの研究を？」と疑問に思う人も多いのかもしれません。

荻巣　カラスや、ハト、スズメ、ヒヨドリなど、身近な生き物ほど実は国内であまり研究が進んでいない側面もあるんですけどね。例えばツバメとかスズメは生息数が減ってきている〔❽〕と言われていますが、身近な鳥だと実感しにくい。みんなが気づいたときにはすごく生息数が減っていた、なんてことにならないかと危惧しています。

――日頃から研究に取り組んでいて、尊敬する人はできましたか？

荻巣　やっぱり和田岳さんを尊敬しています。研究者としての業績《ぎょうせき》はもちろんなのですが、お忙しいのに、研究に関するご相談に乗ってくださったり、論文の添削をしてくださったり。僕のような子どもにも態度を変えず、どんな方にもまったく同じ態度で接してくださって嬉しいです。和田さんが解説してくださる観察会もとても面白いんです。大阪市立自然史博物館は相談カウンターに学芸員さんが交代でいらっしゃって、自然に関する質問ができるのがいいですよね。来館者のリピーター率が高そう。また行きたくなる博物館だと思います。

❼令和4、5、6年度に東京動物園協会野生生物保全基金【中高校生部門】にて、「奈良県生駒市におけるツバメの子育て研究」を、荻巣さんが通っている高校を助成先として採択されました。

❽ツバメの生息数
国内のいくつかの調査でもツバメが減少しているという結果が見受けられます。その原因として、里山の自然や農耕地の減少、西洋風家屋の増加が考えられます。●「ツバメの現状」、公益財団法人日本野鳥の会、https://www.wbsj.org/activity/conservation/research-study/tsubame/decrease

――研究に限らず、何かに夢中になってみたい人にどうしたらいいかと聞かれたら、荻巣さんはどう答えますか？

荻巣　僕は無意識に生き物を好きになったんですけど、全部ちっちゃなきっかけから始まっているんです。鳥が好きになったきっかけも、それまで観察していた昆虫の代わりに、冬に家の庭に来た鳥を観察して面白くなったからでした。そういう些細《ささい》なきっかけを大事にして、博物館に通って興味を広げてみるのがいいのかなあ。

――最近はSNSの発展で同世代で活躍されている人の情報が入手しやすく、その人と比較してしまって凹《へこ》む、という話もよく聞きます。

荻巣　僕は逆に同世代のすごい研究している人に出会ったら、その人と喋ってみたいですね。刺激を受けますが、落胆《らくたん》というより「どうやってその道に進んだんだろう」と思って興味がわきます。悔しい気持ちもなくて、例えばコンクールですごい賞を取った子がいても、自分ももっと頑張ったらそこにたどり着けるかもしれないですし。自分とはまったく違う分野で何かをやっている人と話すのもすごく好きです。

荻巣さんの愛する図鑑コレクション。

――荻巣さんは、自分と誰かを比べないんですね。

荻巣　そうかもしれないです。比べないって大事かも。そう考えたら博物館は学校や塾と違って比べる場所ではないし、競争する場所ではないですよね。だから居心地がいいんだろうな。

――確かに、それぞれの来館者の興味を尊重し合う場所という印象ですよね。

荻巣　博物館はひとりひとりのやりたいことを大事にできて、応援してくれる場所でもあるんだよってことがもっと広まるといいですね。直接的に博物館の取り組んでいることに興味はなくても、自分を大事にできる場所だってことが伝われば、年齢や性別を問わず行ってみたくなる人が増えると思います。

information

なにわホネホネ団

HP　http://naniwahone.g2.xrea.com

旅の途中に思うこと❹

ミュージアムは自分を大切にする場所

博子 荻巣さんの「修学旅行でミュージアムに行きたがる人がいない」という話、首がもげるほど頷きたいです。

大澤 やっぱり、博子ちゃんにもその経験があったんだ。

博子 小学生の頃、野外遠足でミュージアムに行く授業があったんですけど、クラスのみんなが「えーっ！」って言っていたのを思い出して。だから周囲にミュージアムに行こうって提案しにくいんです。

大澤 修学旅行の自由行動って時間が限られてるから余計にね。

博子 そういう状況で「とりあえず行ってみよう！」って周りを巻き込むのはハードルが高いかも。どうしたらいいか……。

大澤 博子ちゃんはミュージアムのどういうところが面白いと思う？

博子 もりおか歴史文化館の企画展「罪と罰―犯罪記録に見る江戸時代の盛岡―」を例にすると、「江戸時代の犯罪ってどんなものがあったんだろう？」という疑問自体、そもそも自分の中に浮かばないって気づくんです。新しい視点や考え方に出会えますよね。

大澤 なるほど。

博子 荻巣さんの「博物館は自分と他人を比べない場所」という考え方もわかりますし、私も同世代の面白い人に出会ったら、興味がわいて質問攻めにしちゃうタイプですね。

大澤　ポジティブな刺激は受けるけど、相手と自分を比較しないってことか。

博子　それに、私も小学生の頃に新撰組にハマって、そこからずっと歴史が好きなだけで……何か大きなきっかけがあってミュージアムを好きになったわけじゃないんです。何となく好きな気持ちをずっと大事にしています。

大澤　だから、今何か夢中になれるものがない人は、ひとまず他人と比べないことを心がけるだけでも、一歩を踏み出したことになるのかもしれないね。

博子　でもどうして、ミュージアムを自分と人とを比べない場所だと感じるんだろう。

大澤　ミュージアムで扱っている資料の「時間的なスパンの長さ」も関係していると私は思っていて。1000年前の作品を守っている美術館、何万年も前の恐竜の骨を研究している博物館……そしてそれらを、100年後、1000年後に残そうとしている。長い時間をかけて物を大切にする場所だから。SNSで同世代が若いうちから活躍するのを見ても、「若さ」「早さ」がすべてではないんだなって思えるの。

博子　確かにそう考えると「13歳の神絵師《かみえし》誕生!」みたいな話題も、意識しすぎなくなります。資料やミュージアムそのものに興味がなくても、「ミュージアムはあなたを大事にする場所だよ」ってことが伝わればいいのかも。

大澤　ミュージアムの扱う対象って幅広くて、好奇心旺《こうきしんおう》盛《せい》な人も集うし、何となく居場所を作りやすい懐《ふところ》があるのかもしれないね。

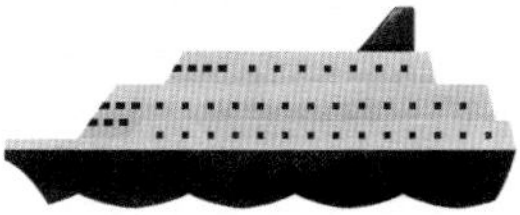

今からでもできる活動って どんなものがあるんだろう？

仕事ではないやり方でミュージアムにかかわることができるのなら、今からでもチャレンジしたい！　どんなふうに活動しているんだろう？

OTA YURI
太田侑里

introduction & profile

東京都美術館と東京藝術大学《げいじゅつだいがく》が連携し、2012年より始動したソーシャルデザインプロジェクト「とびらプロジェクト」。その取り組みの一環として、広く一般から集まった市民がアート・コミュニケータ「とびラー」として活動しています。

作品鑑賞のツアーで案内役を務めたり、アートや展覧会にまつわるワークショップを企画したり。美術館を楽しむ案内人としての役割はもちろん、多様な人と人との豊かなコミュニケーションを創出するために、日々様々なトライを続けています。とびラーの任期は3年間。コミュニティづくりの基本的な考え方を学ぶ「基礎講座《きそこうざ》」、活動の現場を想定した「実《じっ》践講座《せんこうざ》」、とびラー同士が自主的に結成する「とびラボ」を通じ、美術館を舞台とした対話によるコミュニケーションデザインにチャレンジしています。

今回お話を伺ったのは、とびラー3年目の太田《おおた》侑《ゆう》里《り》さん。普段はNPO《えぬぴーおー》で働き、休日にとびラーとして活動しています。博物館で働くのではなく、別な仕事をしながら博物館活動に参加していく、その日常で思うことを聞いてきました。

美術館に行くハードルを下げる役目

——とびラーの活動に参加してみようと思ったきっかけは？

太田　最初のきっかけは、東京都美術館で2015年に開催された企画展「ノルウェーから東京・上野へ！キュッパのびじゅつかん―みつめて、あつめて、しらべて、ならべて」（以下、キュッパ展）〔❶〕です。日比野克彦《ひびのかつひこ》さんの《bigdatana――たなはもののすみか》〔❷〕というインスタレーションが楽しかったんです。私も参加して標本箱の中身を選んでいたところ、展示室内にいた案内の方が「全部青色の物ですね」と話しかけてくださって。私も気づかなかったので「本当だ！何でだろう？」と考えるきっかけにもなり、その交流がすごく印象に残っていました。帰宅してから東京都美術館のホームページを見たところ、とびラーのメンバーを募集していて。「もしかしてあのスタッフさんのことかも！　楽しそう！」と思って応募してみたんです〔❸〕。

解説

❶企画展「ノルウェーから東京・上野へ！キュッパのびじゅつかん―みつめて、あつめて、しらべて、ならべて」
2015年7月18日(土)〜10月4日(日)に開催。絵本作家であるオーシル・カンスタ・ヨンセンの『キュッパのはくぶつかん』の物語を入口をベースに、観察、収集、分類を通じて構成されたアーティストの作品やコレクターの熱意を感じるコレクションを楽しめる参加型展覧会。

❷日比野克彦《bigdatana―たなはもののすみか―》
幅12m、高さ8mの巨大なヒノキの棚に、来館者が独自に分類した標本箱を展示する参加型インスタレーション。標本箱には、1000種類以上のボタンや貝殻、電子部品や木の実、カトラリー、石などから物を選び収めていく。

――美術館で来館者とコミュニケーションをとる活動ってすごく新鮮ですよね。

太田　あの企画展はワイワイおしゃべりをしていてもOKでしたし、他の人とすごく話したくなる楽しい展示だったんです。「最初のきっかけが楽しい経験だったから」というのは大きいですね。

――「キュッパ展」に足を運んだきっかけは何でしたか？

太田　職場の先輩に「面白いから行ったらいいよ」とおすすめされて、時間があったのでたまたま足を運びました。仕事も博物館とは関係ないので、本当に偶然ですね。美術館って、静かに作品を鑑賞するところだと思っていました。仕事で疲れたとき、ちょっと静かな美術館に行って、作品を観ながらリラックスする場というイメージです。「キュッパ展」はそれと雰囲気が全然違ったので良い意味で美術館への視点が変わりました。

――以前、大澤が参加した建築ツアーでも、とびラーの皆さんが「知識を教える」というスタンスではなかったのが良かったんですよね。皆で楽しんで和気あいあいと過ごすという時間の豊かさを感じました。

❸キュッパ展会場にいたのは展覧会ファシリテータ（ググラン）。とびラーと任期満了したとびラー、一般公募の方で構成されていました。

太田　知識を教える立場だったら私は多分できなかっただろうな。とびラーは、一緒に観に行こうよって「ただ誘う人」、「きっかけになる人」みたいな立場です。美術館に行くハードルを下げる役目ですよね。仕事が休みだったりする日曜日に大人が大集合して、すごいなと私も思います。でも普段からこんな感じなんですよ。活動していて楽しいの一言に尽きます。

――具体的にどのようなポイントを楽しいと感じますか。

太田　とにかく参加人数が多いことです。とびラーは3年間と区切られた活動で、毎年40人程の募集があり、新しい参加者が増えて、同時に3年を過ぎた方は任期満了していきます。3期分合わせると常に100人以上いますよね。むしろお会いしたことのない方が多くて。実践講座やとびラボなど、活動ごとに新しい方に出会えるんです。お仕事の定年退職後に参加されている方もいれば、大学生もいます。同じ活動をしていても、考え方や作品の見方が違って、いつも新鮮です。

――太田さんは、人と人との違いに楽しさを感じるタイプなんですね。「この人はこういう物の見方をするんだ」「こういう意見を持っているんだ」という点に、自分の好奇心が向きますか。

太田　そうですね。例えば、2022年に東京都美術館で開催された特別展「ド

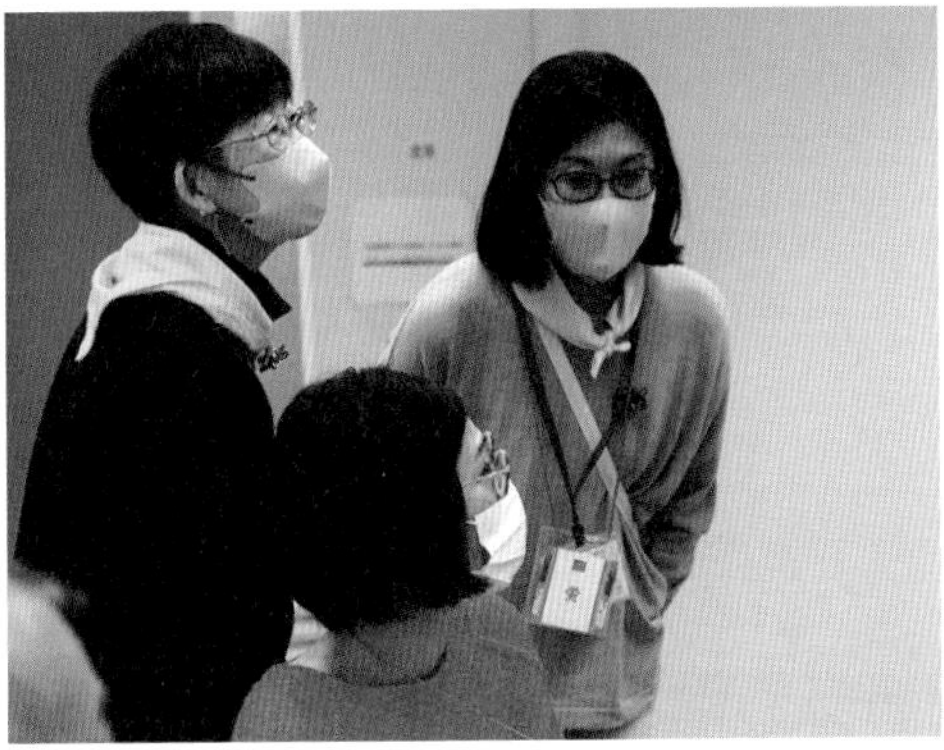

プログラム参加者とお話ししている太田さん（一番右）。

レスデン国立古典絵画館所蔵　フェルメールと17世紀オランダ絵画展」（❹）を、展覧会のパンフレットを使ってオンラインで鑑賞するとびラボ（とびラー同士が自発的に開催するミーティングであり、新しいプロジェクトの検討と発信が行われる場）があったんです。オンライン会議システム（Ｚｏｏｍ）を使い、自宅にいながらオンラインで作品鑑賞を行う取り組みです。新型コロナウイルスの影響で展覧会の開始が遅れていて、実際に作品を見る前に先んじてオンラインで鑑賞するアイデアが、とびラーから発案されました。同じ作品を見ていても、描かれている人物の服装、絵の背景の壁にかかっている絵画、テーブルの上の果物など、見るポイントが人によって異なったんです。一人で鑑賞するより断然楽しくて。

――多様なメンバーが集まっているので、普段の生活だったらなかなか一緒に観に行かない人たちとも鑑賞を楽しめますね。現在はとびラーの3年目ですよね。2年目まではこまめに活動に参加していましたか。

太田　それがそうでもなくて。活動1年目の２０２１年は新型コロナウイルスの影響下にありましたので、講座もとびラボもオンラインが中心だったんです。手探りの状態で参加したのですが、その時点ですごく楽しくて。「この人たちに早く会いに行きたいな」と思いました。そこで2年目以降の対面での活動からはマメに顔を出すようになりました。

❹特別展「ドレスデン国立古典絵画館所蔵　フェルメールと17世紀オランダ絵画展」２０２２年2月10日（木）～4月3日（日）に開催。修復プロジェクトによってキューピッドの画中画が現れた、ヨハネス・フェルメールの《窓辺で手紙を読む女》や、オランダ絵画の黄金期を彩る名品約70点が展示されました。

――なるほど、2年目以降は楽しさが加速しましたか。

太田　先ほどお話ししたフェルメールのオンライン鑑賞が1年目の終わりで、作品鑑賞を活動の軸にしようと決めた頃でもあるんですよね。なので、2年目から鑑賞実践講座やプログラムを中心に、興味の方向性を定めていきました。

考え方の違いを楽しむ「遊び」

――とびラーとして活動していくうえで何かモットーはありますか。

太田　とびラーはメンバーの人数が多いので、「皆で活動をしている」という意識は常にあります。皆と一緒にいる時間を楽しめた方がいいですし、一緒に活動をしている人とどういうふうに手を組めば楽しめるかなとは考えています。

――共に活動している仲間の視点も大事にするし、皆の力だからやれることなんだということをすごく大事にしていらっしゃるんですね。「ひとりでやっている

んじゃないんだ」という。

太田　仕事であればね、自分の抱えている業務は責任を持ってやらなくてはならないですが、とびラーの活動は仕事ではないです。だからこそ、自分たちがどれだけ楽しめるかが大事だと思うんですよね。楽しめば楽しむほど、協力すればするほど良いものができると感じていて。

——それは大事なお話ですね。仕事ではないので、とびラーの活動のどこにモチベーションを見出しているのか気になっていました。

太田　仕事ではないからこそ、好きじゃないと、居心地がよくないとできないですよね。ここに来れば楽しいですし、何となく安心感もあって、気の合う仲間に会えますし。仕事で疲れていても、「今日はとびラーの活動日だ」と思えばちょっと頑張って来ちゃおうかな、と思えます。仕事でも家庭でもない、もうひとつの場所みたいな。

——とびラーに参加する前と後でギャップはありましたか。

太田　先入観があったわけではないのですが、ここまで気持ちが楽な状態で参加できるとは思いませんでした。必死に頑張るわけではなく、自分のそのままの状

とびラボのミーティング中。いつも活気に溢れています。

鑑賞実践講座の様子。鑑賞が深まるコミュニケーションを実践的に練習します。

態で参加できていて。大人同士のコミュニティだとどうしても頑張りすぎてしまったり、気を使いすぎたり、自分を飾ってしまう部分があると思うんですけど、それがないのが嬉しい驚きですね。

——それを危惧して新しいコミュニティやグループに入るのを身構えるという方もいる中で、嬉しいギャップですよね。

太田　何故だろうと考えてみたのですが、例えば同じ職場であれば、「太田さんはこういうスキルがあって素晴らしいね」という話になると思うんですけど、とびラーの皆さんはそういうコミュニケーションの形ではないんですよね。「あなたは絵に詳しくてすごいね」ではなくて、「あなたのそういう考え方が素敵」とか「あなたの佇《たたず》まいが素敵」という褒め方なので素でいられるというか、楽というか。お仕事って自分の持っているスキルで評価しあう世界ですよね。スキルを身に着けて成果を出してお給料をもらう。でもとびラーの場は、自分の人生で培ってきた物の見方や考え方をそのまま出せるところ。

——太田さんのお話を聞いていて、「誰かとの違いを楽しむこと」って作品鑑賞や博物館の中だけに限らず、人生において大事なことと思いました。

太田　よくとびラーの皆さんとも「こういう場がここだけだともったいないよね」

と話していて。生活の中で、そのままの自分でいることや違いを楽しむことがもっとできたらいいな。任期が終わったあとも、この考え方や楽しみ方を自分の生活に持ち帰ることができれば、人生はもっと楽しいものになるのかなと思います。

――作品を鑑賞するという行為自体が対象の見方を変える「遊び」ですし、日常を見る目も変わっていきそうですよね。

太田　確かに「遊び」なのかもしれない。そういう「遊び」が好きな人が集まっているのかもしれませんね。美術館を舞台にした、物の見方を変える「遊び」。私自身今はこうやって作品鑑賞を楽しんでいますが、子どもの頃から絵を描くことが得意なわけではなくて。でも、美術は自分が描かなくてもいいし、作らなくてもいい。観るだけでも十分楽しいし。色んな人と見に行くともっと楽しくて。

――身構えすぎずに美術館に足を運ぶこともできるんだよ、ということですね。

太田　子どもたちの鑑賞プログラム〔❺〕でも、感想を話す子はもちろん、話さない子もお友達の話を聞いて満足気に見えます。「ここは自分の意見を受け止めてもらえるんだ」「この見方はありなんだ」ということがわかるだけでも安心するんじゃないかな。「皆の前で発表をするのは目立つし嫌だ」「恥ずかしいし他の人に何か言われてるんじゃないか」という不安がないのは大きいですよね。

❺子どもたちの鑑賞プログラム　とびらプロジェクトは、上野公園に集まる9つの文化施設が連携して行なうラーニング・デザイン・プロジェクト「Museum Start あいうえの」と連動しています。とびラーは子どもたちの活動に伴走し、共に文化財を介して学び合う仲間として、子どもたちが主体的に参加する場づくりのサポートをしています。

――それはとびラーの活動自体でも大事にしていることですよね。ありのままでいい、喋らなくてもいいという精神が伝わっている。とびラーの居心地の良さが伝わっていますね。美術館を自分の居場所にするような。

太田　居場所という表現はしっくりきますね。来館者の皆さんにも居場所だと思ってもらえたら嬉しいですし、私としても「おいでおいで！」と言いたいです。

博物館を通じて皆に幸せになってほしい

――とびラーの活動をするうえで、学生時代にやっていたことが役立っていますか。

太田　私の「作品鑑賞好きの源泉」とあわせて考えてみると、大学生の頃に尾瀬《おぜ》や霧ケ峰《きりがみね》で、自然体験のガイド役を務めたりするインタープリターというアルバ

イトをしていたことがあって。公園内の植物の観察会をしたり、山小屋に宿泊されている方に、夜、スライドショーをしたり、参加者と雄大な景色を楽しんだり。これって今のとびラーの活動にすごく近くて。意識していなくても、過去の経験や楽しんだことが今の活動につながるんだなと再認識しました。自分の興味に蓋《ふた》をせず、積極的に挑戦したほうがいいですね。

――大学生の頃はどのような分野がご専門だったのですか。

太田　造園学部でランドスケープ・デザイン〔❻〕を専攻していました。所属していたサークルでインタープリターのアルバイトが脈々と受け継がれていたんです。

――建築ではなく、景観や環境のデザインを専攻したのが太田さんらしいですね。子どもの頃からその分野に興味があったのですか？

太田　高校では生物部で、川の流域の生き物を調査したり、顧問の先生の研究を手伝ったりしていたので、そこがきっかけですね。高校生までは自分から博物館に行ったことがなかったのですが、大学の同級生は博物館に積極的に行く子が多くて。社会人になってからも、大学時代の友人とお休みの日に遊ぶことになっても、博物館に一緒に行くのが自然でしたね。

❻ランドスケープ・デザイン
ランドスケープ（風景、景観、眺め）を建築などの造作物と一体的に構想し、自然環境と人間の良好な関係構築を目指す行為のこと。●「ランドスケープ・デザイン」、artscape、https://artscape.jp/artword/6947/

――博物館を楽しんでいる方が周りにいる環境って大事ですよね。

太田　「博物館楽しいよ」と言われて、「そんなもんなのかなあ」と思っていました。とびラー自体もそういう活動なのかもしれません。「そうなのかな」と思う人を増やす活動。もしかすると私の大学の同級生たちとの交流が、既にとびラー的な活動だったんでしょうね。それを今度は私が「面白いんだよ」と言う側になったのかな。

――「居場所」「環境」「居心地」というキーワードが、太田さんの活動の根幹《こんかん》にあるような気がしますね。

太田　そういう話が多かったですよね。私自身は何か作品を作るタイプではなく、場所を作ったり、人と人をつなぐことだったり。そういうことが好きなんでしょうね。

――とびラーの活動が日常生活にも変化をもたらしましたか？

太田　人の話を聞くのがより一層楽しくなりましたね。私はＮＰＯでコーディネーターとして働いています。これも人と人をつないで場を作る仕事ですよね。とびラーで活動を始めてから、仕事で色々な人のお話を聞くことがより楽しくなりました。

――先ほど「興味を持ったことには蓋をしないほうがいい」というお話がありましたが、太田さんはそれを体現されておりますね。すべてが好きでやっていることの延長戦にあるような印象を受けます。

太田　結局、「面白いなあ」「幸せだなあ」という時間を過ごせる場を作ることに興味があるんですよね。それはとびラーでの活動も同じで、博物館を通じて皆に幸せになってほしいなと思うんです。そういう瞬間がたくさんあればいいですよね。

――とびラーになりたい方がいるとしたら、どんなアドバイスをしますか。

太田　作品鑑賞プログラムに携わっていると、年齢や性別などの属性に関わらず作品の前では皆平等だなと感じることがあります。私たち自身も美術館の運営側に何か成果を求められるわけでもないですし。人と一緒に楽しむことが好きなのであれば、とびラーの活動を満喫《まんきつ》できるのではと思います。ありのままの自分で作品と向き合ったり、他の人が向き合っている姿を尊重したりすることが大切ですね。もっと言えば、自分の心の動きや興味を大事にすることが、自然と他人の考え方や物の見方に敬意を持てると思うんですよね。これからも互いを尊重しあう場にしていきたいです。

information

東京都美術館×東京藝術大学
とびらプロジェクト
HP　https://tobira-project.info

旅の途中に思うこと❺

語り合うこと、そばにいること

博子 「年齢や性別などの属性にかかわらず、作品の前では皆平等」という太田さんのお言葉、「わかる！」と思う瞬間が私にもあって。

大澤 ほうほう。

博子 ロックバンドのヨルシカとコラボした限定カバー付きの、アンドレ・ジット『地《ち》の糧《かて》』という本を買ってみたんです。でも内容が難しくて……また学校の先生に相談したら、『伊勢物語』と並行して一緒に読んで、意見交換をすることになったんです。

大澤 明確なストーリーがあるわけじゃないけど、その分自分の人生を反映した読み方ができる作品だよね。

博子 そうなんです。先生と私では人生経験も考え方も違うけど、確かにこの本の前では平等です。初っ端から私と先生の解釈が違って、先生の解釈を踏まえて読み直しても面白くて。

大澤 太田さんの「一人で鑑賞するより楽しい」というお話につながるよね。

博子 そうですね。展覧会でも「この作品は何を描いているんだろう」と思ったときに、誰かと一緒に語り合うのは確《たし》かに楽しそう。

大澤 そうだね。とびラーの活動の様子を聞いていると、太田さんや皆さんがワクワクしているのが伝わってくるの。準備の段階から楽しそう。

博子 お仕事がお休みの日でも、仲間に会いに行くのが

楽しいんですね。

大澤 そう考えると、「とびラーの活動は仕事ではない」というのは大事なキーワードだなあ。子どもは学校で成績を付けられるし、大人は職場でスキルと成果を評価されるもんね。

博子 「自分のそのままの状態で参加できる場所」って、新しいことにチャレンジしやすいのかも。遠慮せずにアイデアを出し合えそうですね。

大澤 だからかな。「とびラボ」で取り組んでいるプログラムは、目の前の来館者に寄り添った、きめ細やかな内容が多いと思ったんだ。

博子 なるほど。

大澤 印象に残っているのは、「おいでよ・ぷらっと・びじゅつかん」という、学校に行くのが「しんどい」と感じている小学生や中学生と、その保護者を対象としたプログラムだな。まさに「社会の中には学校と家だけじゃなくていろんな場所があるよ」と伝える内容なんだよね。

博子 素敵。いろんな地域にあれば、参加してみたいです。

大澤 保護者の方に寄り添ったプログラムでもあるし、太田さんも、とびらプロジェクトを「仕事でも家庭でもない、もうひとつの場所」と表現していたから。「ミュージアムを自分の居場所にする」ということは、大人にも子どもにも意味のあることかもしれないね。

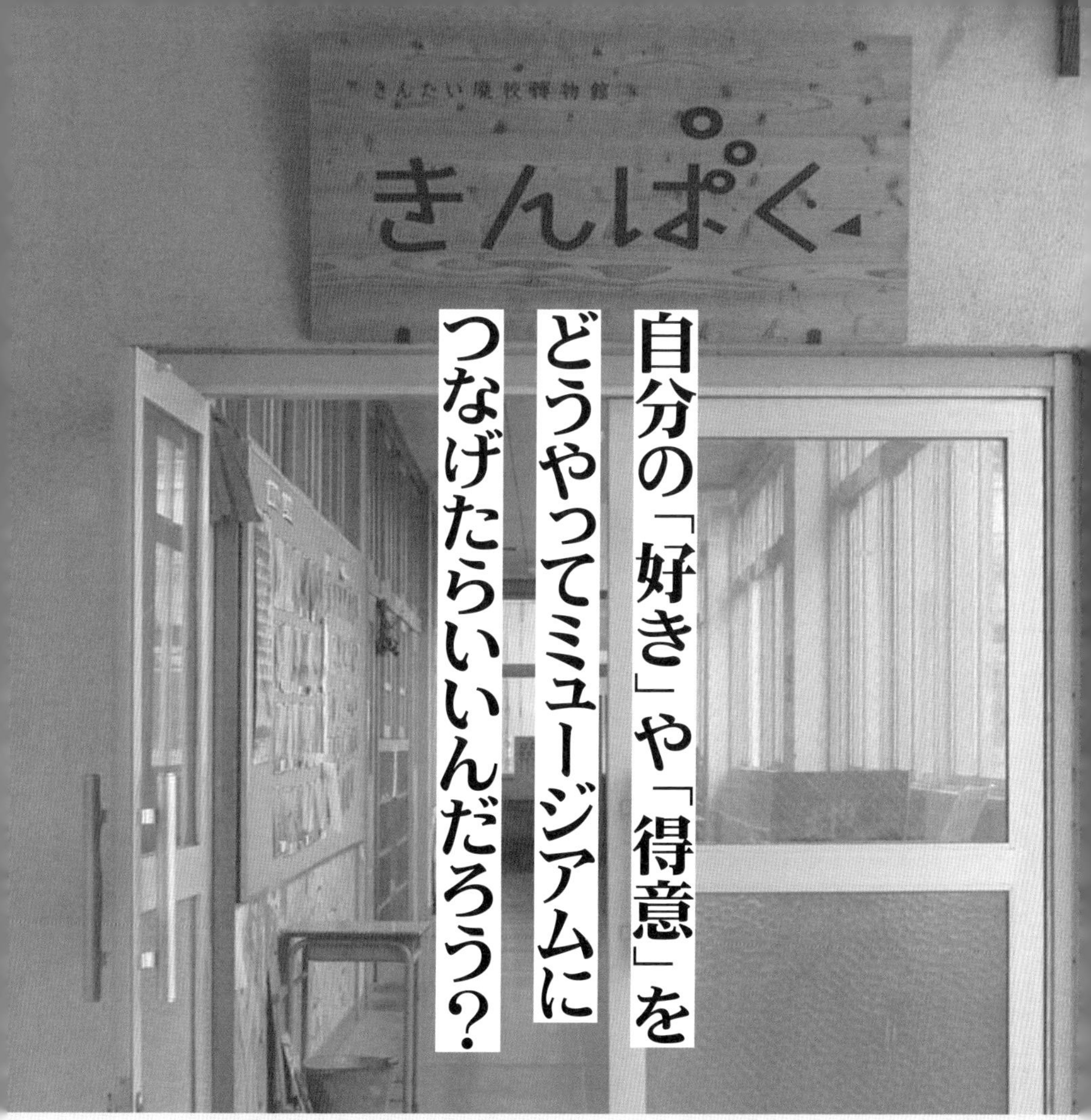

自分の「好き」や「得意」をどうやってミュージアムにつなげたらいいんだろう？

興味があること、得意なこと、好きなことがあります。でもそれをどうミュージアムにつなげて活動すればいいんだろう？

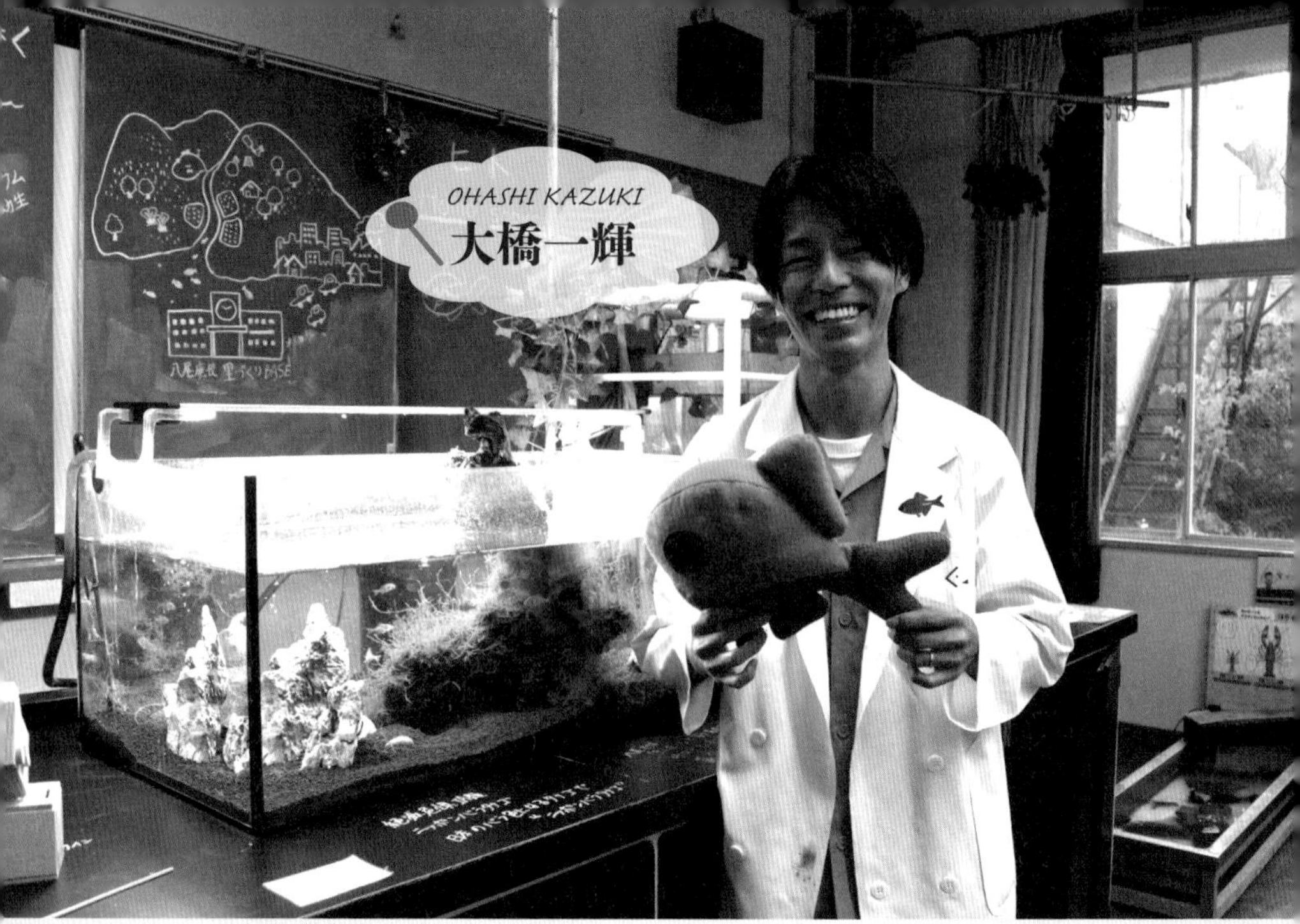

OHASHI KAZUKI

大橋一輝

introduction & profile

毎月第３日曜日にのみ開館するきんたい廃校《はいこう》博物館。大阪府八尾《やお》市にあります。博物館関係者に紹介されて初めて足を運び、大橋一輝《おおはしかずき》さんにお会いした際は驚きました。

若い館長さん中心に手作りで博物館を設立した博物館は廃校になった校舎の一教室を使用しており、規模は小さいながらも室内には様々な八尾の生き物が飼育されています。黒板には絶滅危惧種《ぜつめつきぐしゅ》の淡水魚である、ニッポンバラタナゴの生態がイラストと共に紹介され、椅子をくりぬいた水槽を覗き込むのにもドキドキ。大澤が子どもの頃にこんな博物館が近所にあったなら、きっと毎度のように通っていたことでしょう。

館長の大橋さんに博物館開館の経緯や、会社員として働きながら二足《にそく》の草鞋《わらじ》として館長を務める生活について伺いました。一見難しそうに思える博物館活動への参加も、大橋さんのお話を聞けば、意外とハードルが低いと感じるかもしれません。

地元愛×ニッポンバラタナゴ

——「きんたい廃校博物館」を立ち上げることになったきっかけを教えてください。

大橋　博物館が入居しているこの施設は廃校になった学校なんです。高安《たかやす》小中学校区まちづくり協議会で跡地の活用方法を検討していて、むろと廃校水族館（❶）のような生き物にまつわる施設が作れないかという案があったそうです。八尾市《やおし》はニッポンバラタナゴ（❷）という小型の淡水魚《たんすいぎょ》が生息していて、この地域では「きんたい」と呼ばれています。その保全活動をしてきた歴史があるので、せっかくならその魚をシンボルにした施設を作ることになりました。

——その専門家として参画《さんかく》されたのですね。

大橋　NPO法人ニッポンバラタナゴ高安研究会（❸）のメンバーで八尾市出身の僕と、当時は大阪経済法科大学で淡水魚の保全分類学を研究されていた川瀬成吾《かわせせいご》さんに声がかかって。僕たち2人がメインで施設の内容を考えていくことにな

解説

❶むろと廃校水族館
高知県室戸市に所在する水族館。2018年4月に開校。廃校を利用した水族館で、25mプールや手洗い場で生き物を展示している様子が大人気。

❷ニッポンバラタナゴ
大阪府八尾市、香川県東讃岐地区、九州北部、奈良県の一部などに生息するコイ科の小型淡水魚。環境省指定の絶滅危惧種IA類に指定されています。●「ニッポンバラタナゴとは」、ニッポンバラタナゴ高安研究会、https://n-baratanago.com/baratanago/introduction

❸NPO法人ニッポンバラタナゴ高安研究会
希少淡水魚であるニッポンバラタナゴの保護を主な目的とし、環境保全調査や、里山の自然や水環境の保全にまつわる情報発信などを行っています。

りました。地域の将来を考えて、地元出身の僕が館長として活動しています。2019年11月にお話をいただいて、オープンがその年の12月でしたのでもう急ピッチで準備をしました。

――開館に向けた準備は大変でしたか？

大橋　川瀬さんと2人で、毎日ファミリーレストランで会議でしたよ（笑）。その頃、僕は27歳で、2人とも学芸員の資格は取得していますが、実際に博物館で働いた経験はありませんでした。だからこそ「博物館はこうでなくてはならない」といった考えに捉われず準備することができました。すべてが手探りで予算も少ないので、学校に残っていた椅子や黒板などを再活用しています。

――働きながら館長を務めることに不安はありましたか？

大橋　特になかったですね。月一回の開館なら自分でもやれるだろうと思っていましたし、多くの利益を生み出す営利目的ではないので、チャレンジしたところで失うものはないんですよね。地域の方が力を貸してくださることが前提でしたし。そもそも、自分が興味を持っているニッポンバラタナゴをテーマにした博物館を作れるなんて、こんな貴重な経験はないですよね。地域の方から「こういう博物館にしてほしい」というリクエストがあったわけでもないですから。

校舎内の一室を利用した博物館。教室に面した廊下でも活動を紹介しています。

——2023年で会社員兼館長になられて4年目ですよね。活動のなかで楽しいと思う瞬間はいつですか。

大橋　僕が働きながら運営をしているのと、NPO法人の活動が月に1回なので、それにあわせての開館です。ですが、どういうわけか少しずつ認知度は高まっていて、来館者も目に見えて増えてきています。手作り感満載《まんさい》の展示ですが、子どもから大人まで喜んでもらえて嬉しいですね。あと、来館者がそのままニッポンバラタナゴの保護活動にも参加してくれるケースが最近すごく増えてきて。ニッポンバラタナゴの保護がこの博物館の一番の目的なので、嬉しくてやりがいがあります。

——しかし、館長ほぼ一人での活動はご苦労もかなり多いですよね。

大橋　働きながら生き物の世話をするのは大変ですね。最近はちょっとずつ手伝ってくださる方も増えていて、餌やりや水替え、掃除ができています。でも広報やグッズ販売、イベントや展示企画、それにまつわる相談などやることは山盛りです。周りの人からは「働いていて忙しいだろうに、よくやるね」とめちゃくちゃ言われます。来館者の皆さんにも「館長のお仕事は本業ですか？」と聞かれますし。

この先に何があるんだろう？
入り口からワクワクします。

——館長として大事にしていることは何ですか。

大橋　来館者の皆さんが楽しみながら学べることを大事にしています。楽しみ、興味がわき、学ぶ。その先に保全活動への参加があると考えていて。生物多様性というキーワードにピンとこない方もたくさんいる中で、ニッポンバラタナゴは実は身近な存在で、地域の魚なんだと知ってもらうことが大事ですね。

——そういう意味では「おらが街の魚」と思ってもらうのも手かもしれませんね。

大橋　八尾の方はすごく地元愛が強い印象を受けます。その地元愛の中にニッポンバラタナゴを入れるのが目標ですね。開館日には白衣を身に着けているんですが、白衣を見てください。魚偏《さかなへん》に八尾。これで「きんたい」って読んでもらいたくて、漢字をオリジナルで作ってみたんです。

——この漢字を使って法被《はっぴ》を作り、地域のお祭りに参加したら素敵かも。魚屋さんの前掛けをオリジナルで作ってもかわいいですね。

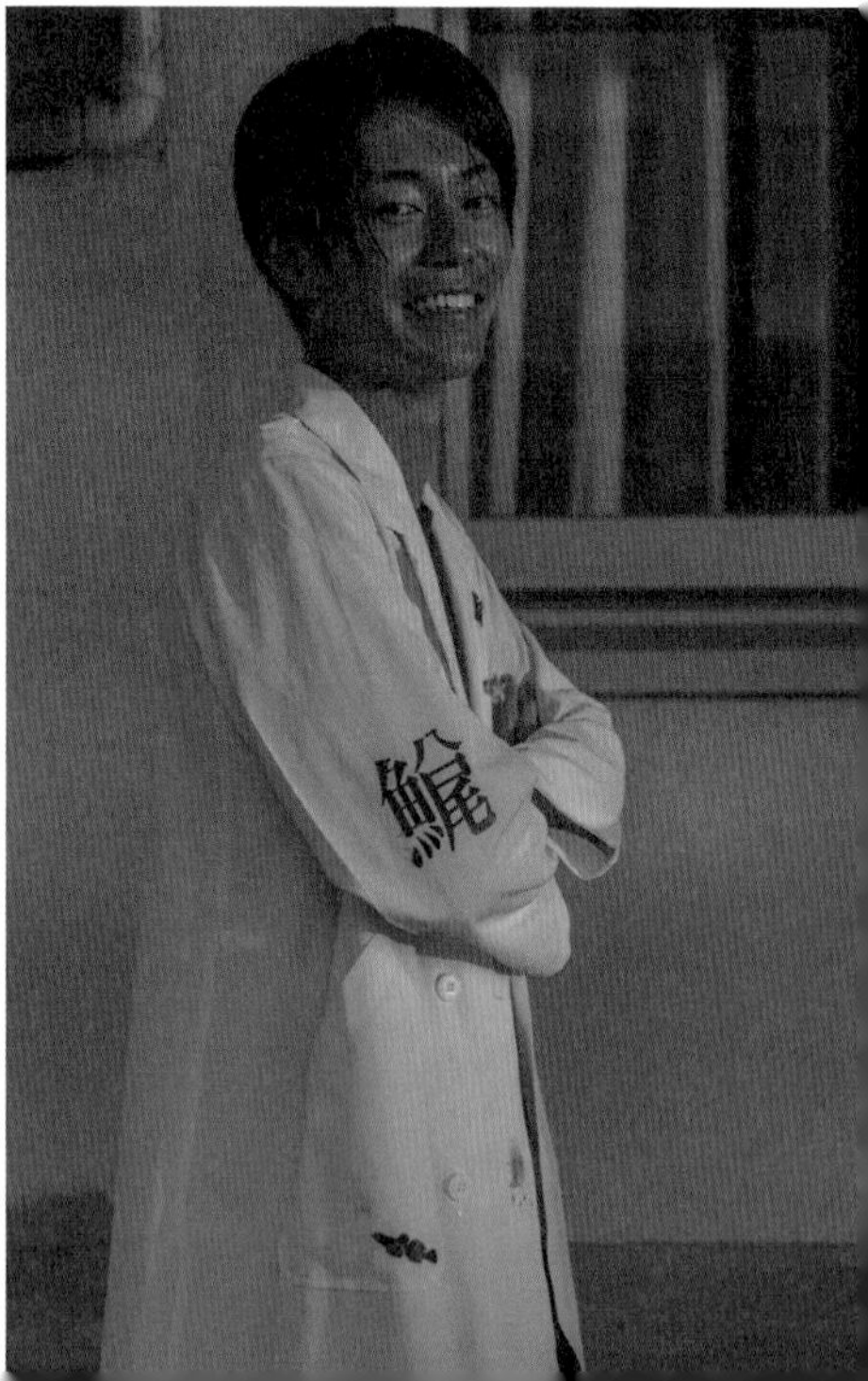

大橋さんの白衣をよく見ると、
「きんたい」のオリジナル漢字が！

大橋　いいですね！　そのアイデアいただきます。

――地域の方や子どもたちにはニッポンバラタナゴの存在はよく知られているんですか。

大橋　実は地元の子どもたちにも、まだまだニッポンバラタナゴの存在は知られていないんです。水槽で展示している学校もあり、僕がたまに学校から依頼をいただいて出前授業をすることはありますが、通常の授業の中で紹介される機会もあまりなくて。学校ではカバーしきれない地元のこと、生き物のことを伝える大切な存在になれたらと思います。ＳＮＳなどの情報発信ももっと頑張りたいんですよね。

――情報発信という観点で「ここはすごいな」と思った博物館はありますか。

大橋　北の大地の水族館〔❹〕の取り組みは勉強になります。飼育員さんに質問シートを送れるコーナーを設置したり、ボタンを押すと館長が登場し来館者とコミュニケーションが取ることができる、「館長が出てくるボタン」も話題です。また、八尾市内の博物館では、しおんじやま古墳学習館〔❺〕は地域に溶け込んでいると思います。古墳を模したキャラクターの「ハニワこうてい」が地域のイ

❹北の大地の水族館
北海道北見市留辺蘂町に所在する水族館。日本最大の淡水魚であるイトウを飼育し、その中でも最大級の大きさに育ったイトウが20匹飼育されています。

❺しおんじやま古墳学習館
大阪府八尾市にある復元された前方後円墳「国史跡 心合寺山古墳」のガイダンス施設。古墳の出土品を中心とした展示が見られます。埴輪や古墳の魅力を伝えることで世界征服を目指す「ハニワこうてい」の本拠地。

ベントに積極的に出張していますし、ワークショップなどの体験メニューも豊富なんですよね。ここの館内では僕もなるべく来館者の皆さんとコミュニケーションをとるようにしています。スタッフと気軽に話せる場であることは心がけていますね。

原体験がぎゅっと詰まった博物館

——近畿大学農学部のご出身ですよね。こちらに進学しようと思ったきっかけは何でしたか。

大橋　小さい頃から生き物は好きだったので、生態について学べる大学を選びました。当時は魚に興味があったわけでもなく、ニッポンバラタナゴの存在も知らなかったんです。

きんぱく
ニッポンバラタナゴって?
かつては、西日本に多く生息していたタナゴです。
外来種との交雑、捕食、生息地の消失などで減少し、現在では絶滅危惧種に選定されています。
大阪では八尾のみに生息し、高安地域ではきんたいと言います。
きんたい廃校博物館のきんたいは、ニッポンバラタナゴのことを指しています。
ニッポンバラタナゴを取り巻く生態系
シマヒレヨシノボリ
パカッ
グロキディウム貝の幼生
くっつく!
寄生
ニッポンバラタナゴ
メス
オス
産卵
稚魚
ドブガイ
稚貝
成長

黒板の魚たちと水槽の生き物を見比べる楽しみも。生態の解説がわかりやすいです。

水槽の中のニッポンバラタゴたち。

――大学入学後にニッポンバラタナゴに興味を持たれたんですね。

大橋　母親が八尾市の特集が組まれた雑誌を買ってきて、その中にニッポンバラタナゴが掲載されていたんです。近畿大学農学部は奈良県にキャンパスがあり、奈良県にニッポンバラタナゴが生息していることは知っていました。でも地元の八尾市に生息していることは知らなくて。興味をもってＮＰＯ法人の保全活動に参加したんです。

――大学卒業後の進路として、博物館に勤務するという選択肢はあったのですか。

大橋　もちろんありましたが、将来的に家庭を持つことを考えると学芸員の雇用の不安定さが気になったんです。それに、社会人になってもＮＰＯ法人での保全活動を通じて生き物に関わることはできていたので。最初は八尾市内の印刷会社に就職しました。今でもその印刷会社に博物館のミュージアムグッズの製作をよく依頼しています。その後転職し、現在は岸和田市内《きしわだしない》にある広告代理店に勤務しています。

――大学時代のニッポンバラタナゴの保護活動が人生の転機だったかなと思うのですが、活動のどこにハマったのでしょうか。

大橋　NPO法人での活動は身体や五感を使ったものが多かったんです。冷たい池の中に手を突っ込んで、手が真っ赤になりながら調査して、「こんなに冷たい中でも魚は生きていけるんだ」と実感したり。僕はキノコが苦手だったのですが、採りたての無農薬栽培のキノコを食べて感動したり。体験から始まったのが良かったんだと思います。

――何だかこの博物館にも通ずるものがある気がします。自分が生き物や自然の面白さを肌で感じた、その瞬間がぎゅっと詰まっているような。

大橋　嬉しいです。そういう原体験ってやっぱり忘れないですよね。ここもそういう場所になれたらいいな。僕はすごく「カジュアルな生き物好き」だと思っていて。「淡水魚が好きで、淡水魚のことなら2時間しゃべれます！」というタイプではないと思うんですよね。だからこそマニアックすぎず、地域に開いていく活動が性に合っているのかもしれません。

――活動していくうえで「この人すごいな」という尊敬する人はいらっしゃいますか。

大橋　やはりNPO法人ニッポンバラタナゴ高安研究会を立ち上げた、加納義彦《かのうよしひこ》先生ですね。ニッポンバラタナゴの保全活動の第一人者で、NPO法人の活動としてニッポンバラタナゴがいる里山環境を守っているんですよね。間ばつなどの

実際に使われていた椅子に穴をあけて水槽に再利用！

森林の整備や、保護池の調査や水質改善に取り組んだり。精力的な活動に感銘を受けているのですが、この博物館はまだNPO法人の活動に乗っかっている状態なので。どうやって博物館としてオリジナリティを出していけるか課題ですね。

いずれは地域の人を「博物館の中の人」へ

――イラストレーターのサカナズキさんとのコラボ企画展「未来に残したい川魚の色鉛筆画展」も大変好評だったと聞きました。どのようなきっかけで開催が決まったのですか。

大橋　タイリクバラタナゴという海外の淡水魚がいて、そのイラストをサカナズキさんがSNSにアップしていたんです。それを僕が見つけて「ぜひニッポンバラタナゴも描いてください」とリクエストしたのがきっかけです。せっかくなので原画展も博物館で開いてグッズも作って販売しましょう、という流れになりま

きんたい廃校博物館のインスタグラムアカウントに、サカナズキさんの個展開催時に投稿された写真。盛況ぶりが伝わります。

した。サカナズキさんのファンの方も多く来館してくださり、開館日には過去最高の来館者数になりました。クリエイティブに携わる方をまきこんだイベントをすることで、博物館の企画の幅が広がったと思います。

——自分から積極的に色んな人に声かける重要性が伝わるお話ですね。大橋さんの活動に興味がある方へのアドバイスはありますか。

大橋　異色な博物館の館長で、研究者でも学芸員でもなく、博物館の常勤職員でもないので、一般的にイメージされるような館長とはだいぶ違いますよね。ただ、この博物館ができるまでは「八尾の絶滅危惧種の魚を守っているよ」と地元の友人に伝えても、あまりピンとこなかったみたいで。僕は真面目な学生ではなかったですし（笑）。でも館長になったら周囲の目も変わって、興味を持ってもらえたり博物館に来てくれるようになったんですよね。

——確かに博物館という、人に活動を見せられる場所があるのは大きいですよね。

大橋　友人には「魚の保全活動？　お前そういうことする奴やったん？」と驚かれたりもするんです（笑）。意外性はあるんでしょうね。逆に考えれば、そういう「今まで興味を持っていなかった地元の友達」とニッポンバラタナゴをつなげるのが僕の役目だとも思っていて。

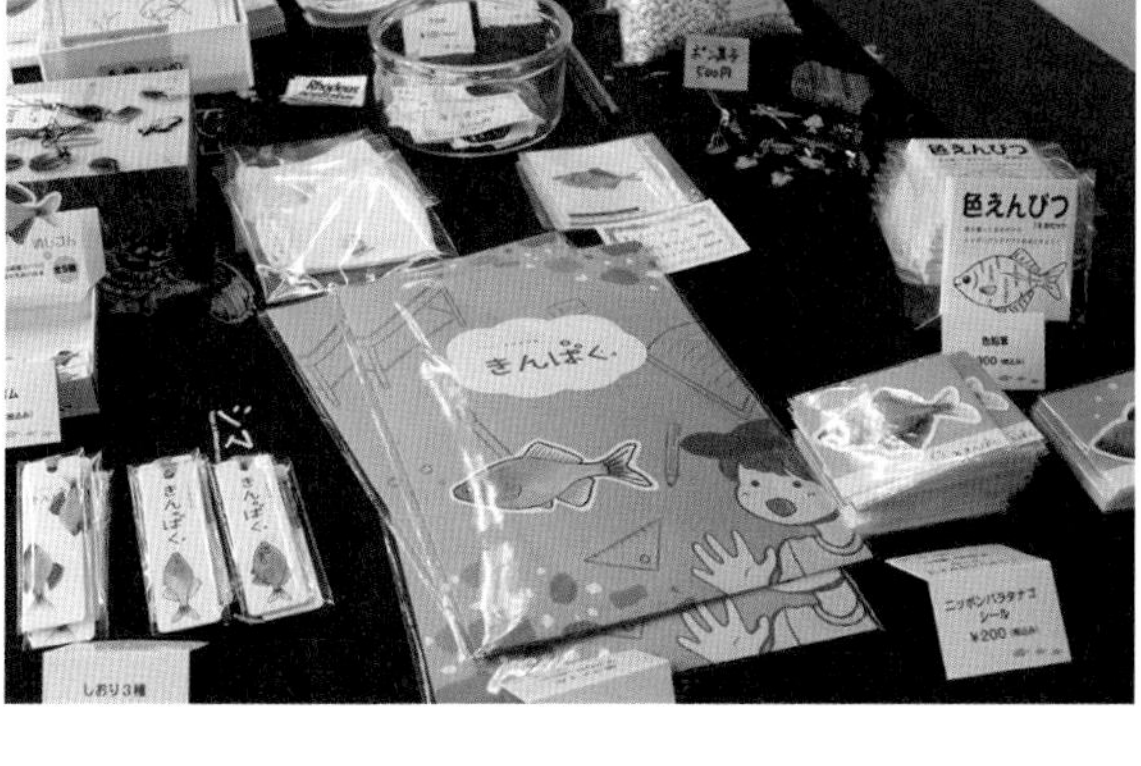

ミュージアムグッズは今後もラインナップを増やす予定。ここにしかない淡水魚グッズがたくさん！

――先ほどの「カジュアルな生き物好きとしての自分」という話題と近いエピソードですね。

大橋 全く興味がない人に、どうやったら博物館での時間を楽しんでもらえるかなといつも考えています。笑えるネタも取り込んでいけたらいいな。大学の後輩には「先輩って真面目なのか不真面目なのかわからないです」と言われますが、どっちも自分ですし、どっちの自分も大事にできる場かな。そういう感じで館長になったので、博物館に常勤で勤務する以外にも関わり方はたくさんあると思います。規模が大きくない博物館は国内にたくさんありますし、家庭や仕事がある方でも、博物館活動に参画できるチャンスがあるかもしれないですよね。

――グッズを作ったり、YouTubeチャンネルで発信したりする活動だって、博物館活動と呼べるのかもしれないです。

大橋 博物館の活動って幅広いですからね。それに、博物館って頑張れば自分で作れるとも思うんです。場所があって、何か興味のあるものや研究成果を展示できたら立派な博物館ではないですかね。そういう参画方法もあるなと思います。最近、滋賀県大津市《おおつし》にある小さな博物館びわこベースに行ってきたんです。生き物の飼育や展示だけではなく研究活動もされていて、きちんと博物館として取り

理科室の雰囲気が懐かしい。放課後や休日に学校に遊びに来たような感覚で過ごせます。

組んでいる姿を目の当たりにしました。

——まだまだこれからやりたいことがたくさんありそうですね。

大橋　今は動画配信と、ニッポンバラタナゴに特化したグッズを展開していきたいですね。例えば、いろんな作家さんの描いたニッポンバラタナゴのキーホルダーを作り、ガチャガチャとして設置するとかもやってみたいんですよね。

——共に活動する仲間も増やしていきたいですよね。

大橋　例えば、動画編集にチャレンジしたい学生さんが練習として、ここの博物館を撮影して編集して動画として仕上げるというやり方なども歓迎です。ニッポンバラタナゴの保全という一本筋があるのでそこからはぶれませんが、そのうえでの自由さを大事にしていきます。

——最近公開された博物館のポスターも、自由さが伝わってとても素敵ですね。

博物館の学生スタッフや有志の学生が作成した博物館の案内ポスター。

大橋　博物館の学生スタッフや、有志の学生さんが自主的に制作してくれました。ありがたいですよね。この博物館に関わりたいと言ってくださる方に、「○○をやってください」と指示することは少ないんです。やりたいことがある人がある程度実現できる場にしたくて。

――地域の人が博物館を面白がることが、巡り巡って博物館への支援につながりますね。

大橋　この博物館は特にそうです。地域密着型の博物館なので地域の方が関われる糊代《のりしろ》は多いと思います。まだまだ手が回っていないのですが、地域の方が作り上げていく博物館にしていきたいです。僕を含め、いずれは地域の人を「博物館の中の人」にできればなと思います。

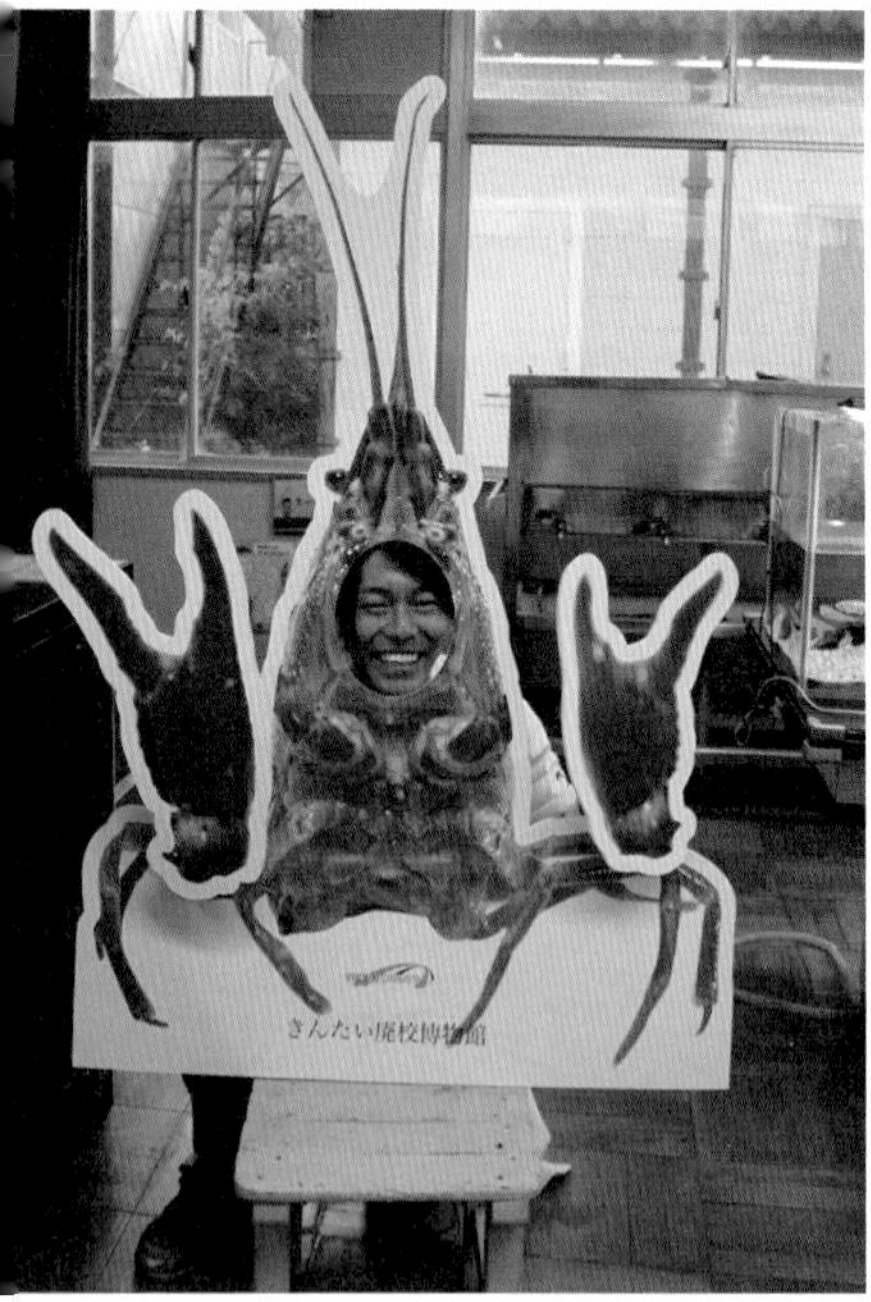

アメリカザリガニの顔出しパネルも！
はさみは自由に動かせます。

information

きんたい廃校博物館

〒581-0856
大阪府八尾市水越 2-117
HP　https://kinpaku.work

旅の途中に思うこと❻
ミュージアムを面白がって活用する

博子　「別の仕事をしながら館長をやってるなんてすごい！」とびっくりしました。でもなんか憧れます。いきなり館長……とまではいかなくても、私も運営に参加してみたいな。

大澤　自分の特技を生かしたかかわり方をしてみたいよね。無理なく継続的に活動を続けることが大事だし。

博子　きんたい廃校博物館の立ち上げにかかわった大橋さんと川瀬さんが、学芸員資格は持っているけどミュージアムでの勤務経験がなかったなんて驚きでした。

大澤　学芸員資格は持っていてもミュージアムで働いたことがない人ってたくさんいますね。

博子　それに、大橋さんがご自分のことを「カジュアルな生き物好き」と仰っていたのもすごく大事だなって。だって、ガチガチのマニアさんのコミュニティに参加するのって、初心者はすごく緊張するじゃないですか。

大澤　確かに。ちょっと勇気が必要だよね。

博子　ミュージアムのすそ野を広げるためには、「私はあまり知識もないし、好きになってから日が浅いけど……ここにいるのってなんか楽しい！」って思ってもらうのがいいのかな。

大澤　大橋さんはクリエイターを巻き込んだイベントをしたり、フットワークを軽くして頑張っているよね。

博子　面白いことがたくさんできそう。何かやりたいことがある人は、ミュージアムの活動に協力しながら実現させられますしね。公立のミュージアムじゃないからできることなのかも。

大澤　そうだね。企画の幅が広がるって意味では、機動力を大切にした運営ができるのも強みであり魅力だよね。ニッポンバラタナゴの保全活動という軸からぶれなければ。

博子　地域の人をミュージアムの中の人にする……地域の人がミュージアムを面白がって使うことが、ミュージアムの支援につながるんですね。

大澤　ミュージアムに限らず、図書館も劇場も書店もそうかもね。そういえば、札幌にある円錐《えんすい》書店という古本屋さんで、この間、近隣の高校の図書局（図書館運営などをしている）と一緒に読書会を開催していたよ（2023年12月）。太宰治の『人間失格』を皆で読む会。

博子　いいなあ。興味の対象が違っても、何かが好きな人、ハマっている人……あとは、ハマっている人の話を聞くのが好きな人が集える空間があるといいな。

大澤　集まったり、つながったり。あるいは一人でじっくり考えを深めたり。ミュージアムがそういう舞台になるとすごくいいよね。

ミュージアムを応援するためになにができるんだろう?

今回の旅人のひとり、大澤夏美の取り組みをご紹介。ミュージアムを応援することを自分の仕事にするってどういうことなんだろう?

OSAWA NATSUMI
大澤夏美

ミュージアムを応援するために私ができること

ミュージアムグッズ愛好家として活動を始めたのは2018年頃。当時の自分は本当に迷いの最中にいました。ミュージアムグッズにまつわる仕事がしたい、でも博物館の中で働きたいわけではないし、ミュージアムグッズを作る仕事がしたいわけでもない。そして、そんな仕事はない。ならば、「そんな仕事」を作るしかないのか？　そう決めて、自費出版誌『ミュージアムグッズパスポート』〈❶〉第1号を刊行しました。ミュージアムグッズの専門誌を自分一人で作りました。

あれから6年。「ミュージアムグッズの魅力を伝えることで、ミュージアムに足を運ぶきっかけを作りたい」という私の思いは変わらないままですが、多くの関係者や来館者と出会ったことで、自分の視野や活動の範囲が広がったような気がしています。第6号では「あなたと行きたいミュージアム」と題して、専門分野の異なる方とミュージアムに行き、その方ならではの物の見方に触れ、相手や展示への理解を深める企画にチャレンジしました。

　今回は私、大澤夏美のミュージアムグッズ愛好家としての活動を通じて、ミュージアムを外から応援する活動についてご紹介します。私がなぜ、ミュージアムグッズから少し離れた、「ミュージアムとのかかわり方」の本を作ったのか。ミュージアムグッズに限らず、多くの人を博物館へといざなう企画に取り組みたくなった、その心境の変化と合わせてご覧ください。

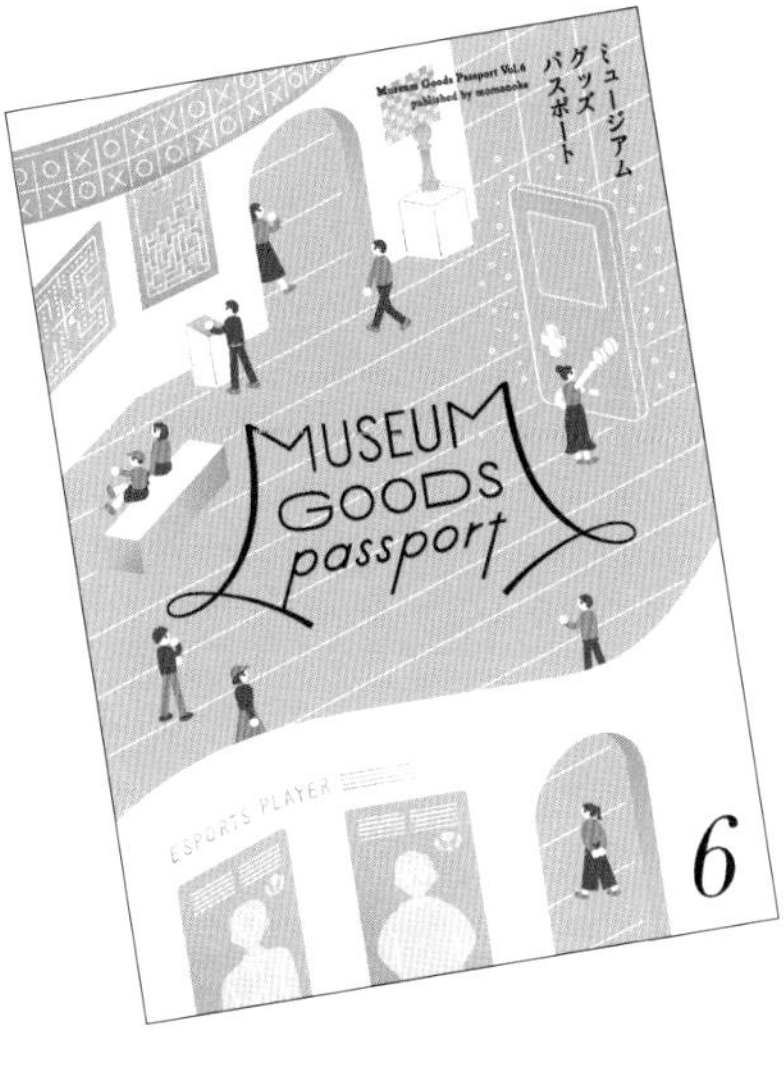

解説

❶『ミュージアムグッズパスポート』
2018年より大澤が制作している自費出版誌。ミュージアムグッズを中心とした、ミュージアムの楽しみ方を提案し続けている。⇩販売サイト https://museumgoods.thebase.in

コロナ禍でのミュージアムグッズの役割の変化

大学3年生の頃に学芸員課程〔❷〕の授業で博物館実習〔❸〕を履修《りしゅう》し、博物館学に魅了されました。デザイン系の大学で学んでいたこともあり、美術館を中心に足を運んでいたのですが、この実習を機に、歴史や自然、様々なジャンルのミュージアムに行くようになりました。そして、それまでミュージアムは「展示を見る場所」だったのですが、学芸員実習を機に、ミュージアムには収集、保存、研究、展示、そして教育と、いろんな役割があることに気付かされました。資料や作品を収集して適切に管理し、「モノ」を出発点に研究し、展示としてその成果を発表している場であるということ。そうやって積み重ねてきたミュージアムでの研究が、人類の宝として受け継がれていく。博物館に対する見方が大きく変わった大事な機会でした。

元々、雑貨などの物を集めるのが好きで、大学で映像や写真、グラフィックな

❷学芸員課程
学芸員になるための資格の取得方法のひとつとして、文部科学省令の定める博物館に関する科目の単位を大学で修得することができます。

❸博物館実習
資料の取り扱いや展示製作、教育普及活動など、博物館で実際に行われている業務を体験する実習。

ど、人に情報を伝えるメディア（媒体）のデザインに取り組んでいたので、、ミュージアムグッズをミュージアムの「メディア」と捉えるようになりました。ミュージアムにとっては生涯学習などの社会教育施設としての意義や使命をミュージアムグッズで伝えることができ、来館者にとってはミュージアムでの思い出や経験を物に託して生活の中に持ち帰ることができます。もっと突き詰めるため、大学院で博物館経営論（❹）の観点からミュージアムグッズの研究を始め、修士論文もそのテーマで書きました。

そして2020年、初めての著書『ミュージアムグッズのチカラ』の準備を続ける中で起きた新型コロナウイルスの蔓延《まんえん》。取材のため現地に足を運ぶことが難しくなり、ミュージアムも臨時休館が続きました。経営面で打撃を受け、その後閉館への道を歩んだミュージアムもありました。その一方で、これまでなかなか整備が進まなかったミュージアムグッズのオンライン販売やクラウドファンディング（❺）など、ミュージアムを応援する手段が多様化していきました。「ミュージアムグッズを通じてミュージアムを応援する」という私のやり方に、賛同してもらう機会も増えたと言えるでしょう。

そんな中で出会ったのが「おうちミュージアム」です。北海道博物館（❻）が2020年3月に企画し、休校や休園が続き多くの時間を自宅で過ごす子どもたちに向けたものでした。全国の様々なミュージアムが自宅で楽しめるコンテンツをオンライン上で発信した取り組みで、これまでに各館が開催したワークショップやイベントの内容をアレンジしたり、オリジナル動画コンテンツを配信したり

❹博物館経営論
博物館の運営に必要な理念、方法、組織、人材、予算、マーケティング、広報などを研究する学問。

❺クラウドファンディング
インターネットを通じて多くの人から資金を募るシステム。プロジェクトを公開し、共感した人が支援します。

❻北海道博物館
北海道の自然・歴史・文化を紹介する北海道立の総合博物館。自然環境と人とのかかわりや、アイヌ民族の文化、本州から渡ってきた移住者のくらしなどを学べます。⇩HP https://www.hm.pref.hokkaido.lg.jp

とバラエティ豊か。この「おうちミュージアム」を機に初めて知ったミュージアムもありました。

ただ、自分の中で膨れ上がる思いもありました。「おうちミュージアム」はオンラインコンテンツではあるけども、「ミュージアムが提供する楽しみを受け取る」という意味では、「展示を見る」のとすごく近い体験ではと考えました。せっかく自宅で楽しめるコンテンツが増えたんだもん、もっと何か、自分が受けた影響や刺激を発信する手段がたくさんあったらいいのにな。生活の中にミュージアムの思い出やキラキラを接続し、持続させていけたらいいのにな。それは間接的であるけども、ミュージアムを応援することに繋がらないかな？

ミュージアムを舞台に「遊ぶ」ということ

来館者が、来館者のまま、かかわり方を変えていく。増やしていく。ミュージアムを外側から応援し楽しんでいる私にしかできない提案があるかもしれないと

❼秋田県立美術館
公益財団法人平野政吉美術財団のコレクションを中心に、秋田の文化創造と発信を目指す美術館。藤田嗣治が昭和12年当時の秋田の祭りと暮らしを描いた、幅20メートル以上の大壁画「秋田の行事」が常設展示されています。⇩HP https://www.akita-museum-of-art.jp/index.htm

思い、『ミュージアムグッズパスポート』第5号では展覧会の思い出を料理で表現する企画に取り組みました。秋田出身の友人に協力してもらい、秋田県立美術館で彼女が母親とともに、藤《ふじ》田《た》嗣治《つぐはる》《秋田の行事》（平野政吉美術財団蔵）〔❼〕を観賞した思い出をみぞれ鍋にしたのでした。

秋田には戻らず札幌で活動すると決めた彼女の心が、日本を出てパリで活動した藤田嗣治とオーバーラップする。この作品には彼女の故郷の四季折々の行事が写し出され、美術館で鑑賞した際、母親が横で「懐かしい。私が子どもの頃もこんな風に馬が生活の中にいてね」と自身の思い出を語る。知らない母が絵の中に生きている。娘の自分は秋田にはもう戻らないかもしれないのに。自分は、自分の手で、故郷を離れるという選択をしたはずなのに。

「それは、私の力では到底《とうてい》言葉にし尽くせないエモーショナルな鑑賞体験だった。でも、料理にならできるかもしれない」。彼女はそう言って、コトコトと鍋を煮込んでいました。時間をかけて絵を自分の中に反芻《はんすう》し、思い出の居場所を決めていくように。故郷に降り積もる雪をイメージした大根おろし、丁寧に取った昆布とかつおの合わせ出汁が私の身体にも染み渡っていく。そのときに、「ああ、こういう取り組みをもっとしていきたい。人々がミュージアムでの思い出や、作品や資料との出会いを自分の人生に位置づけていく姿を、もっと見ていたい」と心から思ったのでした。この『ミュージアムと生きていく』は、まさにその第一歩と言える1冊です。

第5章でとびらプロジェクトの太田さんが、作品鑑賞を「博物館を舞台にした、

藤田嗣治《秋田の行事》を思い出のみぞれ鍋に。

物の見方を変える遊び」と表現していました。この「遊び」という表現に、私はとてもシンパシーを感じています。

というのも、私が大学でデザインを学んでいた2000年代初頭は、初音《はつね》ミク〔❽〕などのボーカロイドを中心としたn次創作《えぬじそうさく》〔❾〕が盛り上がりをみせ始めた頃。クリエイティブな「遊び」がグッと人々の身近になり、ニコニコ動画を中心にボーカロイド文化が醸成《じょうせい》していく黎明期《れいめいき》に、札幌で大学生をしていたのです。

今振り返ってみても、当時の熱狂が私の活動に与えた影響は大きいと考えています。n次創作は、元になるオリジナルの物から派生して新たな物を作ること。ミュージアムグッズもミュージアムが所蔵している資料や作品を活用したものであり、まさに今、私が取り組んでいる営みのベースになったと言えます。

人々がミュージアムを舞台に「遊ぶ」こと。前述の展覧会を料理にする企画も、鑑賞体験を料理で表現するという「遊び」です。私は自分の活動を通じて、ミュージアムを活用した「遊び」の選択肢を増やしていきたいんだなと最近は考えています。「ミュージアムって楽しい」という初めの一歩を気持ちよく踏み出せる人を、ミュージアムが大切だと思える瞬間を、どんどん増やしていきたい。本書も、自分の人生とミュージアムが絡み合うきっかけになればいいなと考えています。

❽初音ミク
クリプトン・フューチャー・メディアが開発した、バーチャルシンガーソフトウェアとそのキャラクターのこと。メロディと歌詞を入力すると、声優の藤田咲さんの声をベースに、ヤマハの音声合成技術「VOCALOID」で歌声を合成できます。

❾n次創作
既にある作品をベースに新たな作品を創作し、そこからさらに新たな作品を創作するという連鎖的な活動のこと。

information

大澤夏美　オフィシャルサイト

HP　http://momonokemuse.starfree.jp

旅の途中に思うこと❼

もやもやを言葉にしていくプロセス

博子 大澤さんが「ミュージアムグッズ愛好家」という職業を、自分で作ったのが面白いなと思って。ミュージアムで働いたりグッズを作る仕事じゃなくて、グッズを通じてミュージアムを応援する仕事って発想は新しいですよね。

大澤 ありがとう。うれしいです。グッズを作る仕事をするよりも、どこかの組織に所属せず自由に業界全体を広く見る仕事をしたかったんだよね。

博子 大澤さんのように自分でミュージアムに関係する職業を作ったり、大橋さんのように自分がミュージアムの館長になったり……おふたりの経験を聞くと「自分らしいミュージアムとのかかわり方」というキーワードの意味が、よりわかったような気がします。

大澤 自分の持ち味を生かしてミュージアム業界に自分で居場所を作っているからかもね。

博子 学校の進路の授業でも、例えば佐々木さんのような文化財を専門にしているフォトグラファーのお話ってそうそう聞けるものではないですよね……自分から情報を集めに行って、話を聞きに行くことが大切なんだと学びました。

大澤 本当だね。自分で得た情報を組み合わせたり、そこから新しいアイデアを模索《もさく》する中で、自分なりのミュージアムとのかかわり方が少しずつ見えてくるのかもしれない。

博子 ただ、福島さんは境界に立つ人、太田さんは場所や環境が好きな人……みたいに、今までの歩みを振り返った中で、自然と手に取っている選択肢の中にもうヒントがあるのかもと思いました。

大澤 確かに。荻巣さんも、「何気なく好きだったものをずっと大事にしている」というお話をしていたよね。

博子 いろんな方のお話を聞いたら、「あの仕事もいいな」「この活動も参加してみたい」とワクワクして。ミュージアムに関わることをあきらめる気はもう全くないですね。

大澤 おっ! 嬉しい!

博子 進路や将来について考えると「このもやもやした気持ちは何だろう」って、自分の中でかみ砕いて言語化できていないことが多いんです。でもそのために私は本を読んだり、自分の足でミュージアムに行っているのかもしれません。今回、皆さんのお話を聞いていても、自分の中で言葉にできていないだけで、まだまだいろいろな気持ちが私の中にあるんだなって実感できました。

大澤 それに「この人はこんな風に言語化しているんだ」という気づきもあったなあ。今回の旅は色んな人のお話を聞きながら、自分なりの言葉を見つけていくプロセスでもあったのかもしれないね。

あとがき

ミュージアムにまつわる進路、生き方、人生……この本では、すぐに答えの出ないテーマを取り上げました。そして、たとえ現時点で何か答えを持っていたとしても、時間や環境によって変化していくものだと思います。

今回お話を伺った皆さんもまだ歩みの途中で、悩みながら日々ミュージアムに向き合っていることでしょう。そのような、私と博子さんの模索と逡巡《しゅんじゅん》の旅に、読者の皆さんに着いてきてもらった1冊になりました。

旅を終えて、博子さんは「もっといろんな方のお話を聞いてみたい」と言っていました。被災した資料を救う活動に取り組んでいる人や、行政の立場でミュージアムの在り方を考え、法整備に取り組んでいる人……きっと、もっと違った価値観でミュージアムに携わっている人がたくさんいるはず。まだまだ私たちの旅は続きそうです。

いずれにせよ、学校や家庭だけでは将来のことにつながる情報を得るのに限界があるのかもしれません。私もこうやって自分自身の取り組みで、ミュージアムと社会とのアクセスポイントを作っていければと思います。

「はじめに」でも少しお話したように、ミュージアムの雇用に関しては様々な課題があります。財政難などの理由から正職員での勤務が叶わないミュージアムもあり、収入面でも一般の水準に比べて十分とは言えない場合もあるでしょう。このような課題はすぐに解決できるものではありません。

私にできるのはミュージアムの味方を増やすこと。多くの人にミュージアムを大切な場所だと思ってもらうこと。

そのためにもこの本が、ミュージアムと自分の健康的な関係を考えるきっかけや、自分なりのミュージアムへのかかわり方を見つけるヒントになれば嬉しいです。

最後に、本書にご協力くださった皆様へ。

私と一緒に旅をしてくれた博子さん。あなたのおかげでこの本ができました。あなたの、疑問や葛藤に取り組む姿が周りの大人に影響を与え、突き動かしてきたので本書の出版にたどり着けました。

取材にご協力してくださった皆様には感謝してもしきれません。皆様がミュージアムと共に生きる姿は、果てしなく続く旅路を照らす街灯のようです。その光を数えながら私たちは進むことができました。これからも応援させてください。

また、素敵なイラストを提供してくださった坂田亜沙美さん。的確にテイストをくみ取ってくださったおかげで、きちんと旅のイメージを印象付ける一冊ができたと思います。
そして、文学通信の松尾彩乃さん。つかみどころのない、一朝一夕に答えの出ないテーマの手綱を一緒に手繰り寄せ、共に悩んでくださいました。あなたが編集を担当してくださって心から嬉しかったです。

読者の皆様の人生、そのロードムービーの幸せを願って。

ミュージアムグッズ愛好家　大澤夏美

付録

次の旅人へおすすめ！

読書案内

ミュージアムの仕事をもっと知りたいあなたへ

❶朝日中高生新聞編集部
『大人になったらしたい仕事「好き」を仕事にした35人の先輩たち』
（朝日中高生新聞の人気連載）　全３巻　朝日学生新聞社 /2017 ～ 2019
様々な職業で実際に働いている人の体験が紹介されている本。学芸員や飼育員、ミュージアムグッズ開発スタッフなどもあります。職業探しの第一歩に。

❷滝登くらげ
『学芸員の観察日記　ミュージアムのうらがわ』　文学通信 /2023
学芸員さんが一生懸命働く姿だけでなく、学芸員さんの生態ともいうべき「あるある！」とうなずける、リアルな内容がコミカルに盛り込まれています。

❸イトウハジメ
『美術の進路相談』　ポプラ社 /2023
美術にまつわる業界研究にもなります。成長するにつれて絵を描かなくなった人たちへのアドバイスが盛り込まれた章は、大人にも読んでほしい。

ささいな興味を大切にしたいあなたへ

❶猫田ゆかり
『ニッターズハイ！』　角川コミックス・エース /2021 ～

怪我で陸上を挫折した主人公が、高校の部活勧誘から編み物にのめりこんでいくという群像劇。未経験でも関係ない。ひょんなことから世界が変わる喜びに満ちています

❷増田　薫
『いつか中華屋でチャーハンを』　スタンド・ブックス /2020
中華料理屋の「定番じゃない」メニューに注目。「どうして中華料理屋でオムライス？」というささやかな疑問を、地域の食文化の探求につなげているのが面白い。

❸村田あやこ
『たのしい路上園芸観察』　グラフィック社 /2020
路地裏や玄関などの園芸に、住人たちの自由な個性と発想を見出す一冊。小さなことでもじっくり観察すれば、よくある街の風景の見方が変わる！と教えてくれます。

まずは一歩踏み出して行動したいあなたへ

❶石川大樹、ギャル電、藤原麻里菜
『雑に作る――電子工作で好きなものを作る近道集』 オライリー・ジャパン /2023
「やりたい！」という熱量が消えないうちに、まずは作って動かすことを目指す電子工作の本。「雑」と付いていますが安全管理のお話はちゃんとあります。

❷佐久間　薫
『お家、見せてもらっていいですか？』 KADOKAWA/2023
住宅が大好きな小学３年生の主人公が、自由研究のために気になる一軒家を思い切って訪ね歩くというストーリー。好奇心は知らない世界に自分を連れて行ってくれます。

❸済東鉄腸
『千葉からほとんど出ない引きこもりの俺が、一度も海外に行ったことがないままルーマニア語の小説家になった話』 左右社 /2023
日本にいながらルーマニア語を学び、現地で文学作品を出版した著者のノンフィクション。ＳＮＳで仲間を増やして学ぶという、工夫満載の踏み出し方に勇気をもらえます。

自分の好きなことを深めていきたいあなたへ

❶佐久間亮介
『キャンプ職業案内』 三才ブックス /2021
キャンプを仕事にしている30名以上にインタビュー。キャンプとひと言で言ってもこんなに多様な深め方があるんです。自分にフィットするやり方を探すヒントになりそう。

❷ SAKANA BOOKS
『水族館人　今まで見てきた景色が変わる15のストーリー』 株式会社文化工房 /2023
水族館にかかわる人たちが語る、水族館の面白さや愛にあふれた一冊。水族館の運営だけでなく、水族館から生まれるカルチャーにも焦点を当てているのが画期的です。

❸土屋　健（著）、前田晴良（監修）
『化石になりたい よくわかる化石のつくりかた』（生物ミステリー PRO） 技術評論社 /2018
「自分にまつわるものを化石にしたい！」を軸に化石のタイプを分類。化石ができるまでの過程を探る一冊。自分の熱い思いを叶えようとすると、いつの間にか学びになってしまうのです。

著者

大澤夏美（おおさわ・なつみ）

1987年生まれ。札幌市立大学大学でメディアデザインを学び、北海道大学大学院文学研究科（現：北海道大学大学院文学院）で博物館経営論をベースにミュージアムグッズを研究、修了後は会社員を経て、ミュージアムグッズ愛好家としての活動を始める。
現在も「博物館体験」「博物館活動」の観点から、ミュージアムグッズの役割を広めている。主な著書に『ミュージアムグッズのチカラ』シリーズ（国書刊行会）、『ときめきのミュージアムグッズ』（玄光社）。

イラスト

坂田亜沙美

ミュージアムと生きていく

2024（令和6）年5月15日　第1版第1刷発行

ISBN978-4-86766-048-5　C0076

発行所　株式会社 **文学通信**

〒113-0022　東京都文京区千駄木2-31-3　サンウッド文京千駄木フラッツ1階101
電話 03-5939-9027　Fax 03-5939-9094
メール info@bungaku-report.com ウェブ https://bungaku-report.com

発行人　岡田圭介

印刷・製本　モリモト印刷

ご意見・ご感想はこちらからも送れます。上記のQRコードを読み取ってください。

※乱丁・落丁本はお取り替えいたしますので、ご一報ください。書影は自由にお使いください。